Pflanzen
vermehren

Vorwort

Wir sind endlich auf dem Wege weg von der Wegwerfgesellschaft, hin zur Besinnung auf das Gute, Gesunde und Lebensfördernde. Und das hat in der Natur seinen Ursprung. Sicher, vieles Künstliche ist aus unserer zivilisierten Welt nicht mehr fortzudenken. Doch wo immer es möglich ist, wird zunehmend auf die Produkte der Natur zurückgegriffen. Dazu gehört auch die Versorgung mit selbstangebautem Obst und Gemüse. Die Freude an eigenen Blumen im Garten und Zimmer wird für viele Menschen immer wichtiger.

Doch zum erfolgreichen Pflanzenanbau genügt es nicht, ausschließlich vom Wunsch getragen, Pflanzen zu ziehen, draufloszuarbeiten. Ohne die Kenntnisse der diesbezüglichen »Grundgesetze« der Natur ist auf Dauer ein Erfolg kaum möglich.

Dieses Buch befaßt sich mit Fragen der Vermehrung von Pflanzen. Immer wieder wird gefragt: Was muß ich beim Sameneinkauf beachten? Wie vermeide ich Fehlkäufe? Wie muß ich aussäen, wann ist die beste Zeit? Wie muß die Erde beschaffen sein, welche Temperatur sollte eingehalten werden? Warum müssen Obstbäume veredelt werden? Wann werden Stecklinge geschnitten? Was unternehme ich gegen Pilzkrankheiten in meinem Anzuchtkasten? Wie kann ich von meiner zu groß gewordenen Zimmeraralie weitere Pflanzen anziehen? Kann man Bonsaipflanzen selbst züchten?

Auf diese Fragen will das vorliegende Buch eine Antwort geben. Es zeigt, wie Pflanzen vermehrt werden, welche unterschiedlichen Verfahren und Möglichkeiten es gibt und worauf besonders zu achten ist.

Durch das eigene Vermehren von Pflanzen läßt sich unter Umständen Geld sparen. Besonders aber bringt es große Freude und Genugtuung zu beobachten, wie selbstvermehrte Pflanzen im Laufe der Zeit zu Prachtexemplaren heranwachsen.

Die in diesem Buch angeführten Ratschläge und Tips gehen auf reiche Erfahrung aus gartenbaulicher Praxis zurück. Trotzdem kann keine Erfolgsgarantie gegeben werden. Immer wieder wird es vorkommen, daß sich Pflanzen anders oder gar nicht entwickeln – sie sind Lebewesen.

Um mit ihnen zu arbeiten sind Umsicht, Gewissenhaftigkeit und Geduld nötig.

Noch ein besonderer Hinweis: Manche Pflanzenarten sind verletzungsträchtig oder gar giftig. Das gilt auch für einige Früchte und einen Teil der genannten Sämereien. Man sollte deshalb stets vorsichtig arbeiten. Besonders kleine Kinder sollten nicht unbeaufsichtigt mit Pflanzen umgehen. Aber gerade für Kinder ist es wichtig, das Wunder des Pflanzenwachstums zu beobachten. Deshalb enthält das Buch ein eigenes Kapitel mit Vorschlägen, wie auch Kinder Pflanzen vermehren können.

Keimung der Gurke

Peter Klock

Ein wenig
zur Botanik

Wann beginnt eine Pflanze zu leben? Mit der Befruchtung und dem sich daraufhin bildenden Samen? Oder mit der Keimung des Samens? Oder irgendwann dazwischen?

Vermehrung aus Samen

Das Leben einer Pflanze beginnt eigentlich schon mit der Befruchtung. Denn nur dann entwickelt sich der Samen, der bereits alle Merkmale der zukünftigen Pflanze enthält. Sie befindet sich nur noch in einer Art Schlaf, aus der sie erweckt werden muß, zum Beispiel indem man die notwendigen Keimbedingungen schafft.

Ein fortpflanzungsfähiges Samenkorn besteht im Prinzip aus drei Dingen, dem Embryo, auch **Keimling** genannt, einem **Nährgewebe** und der **Samenschale**. Die Reservestoffe befinden sich im Nährgewebe und bestehen zur Hauptsache aus Stärke, wenn es sich um Getreide- beziehungsweise Grassamen handelt (Roggen, Gerste, Hafer, Reis, Bambus), aus Eiweißen bei Hülsenfrüchten (Bohnen, Korallenbaum, Kassie) und aus Fetten bei Ölfrüchten (Oliven, Jojoba). Der Embryo befindet sich gewöhnlich direkt im Nährgewebe. Gelegentlich werden die Reservestoffe auch, wie bei der Erbse, in seinen Keimblättern gespeichert. Befindet sich an den Keimlingen ein Keimblatt, handelt es sich um **einkeimblättrige Pflanzen** *(Monocotyledoneae)*. Dazu zählen unter anderem Gräser *(Gramineae)*, Liliengewächse *(Liliaceae)*, Irisgewächse *(Iridaceae)*, Bromelien *(Bromeliaceae)*, Palmen *(Palmae)*, Orchideen *(Orchidaceae)* und die Bananengewächse *(Musaceae)*. Befinden sich am Keimling zwei Keimblätter, handelt es sich um **zweikeimblättrige Pflanzen** *(Dicotyledoneae)*. Dazu gehören unter anderem die Laubgehölze und Kakteen *(Cactaceae)*. Nadelgehölze, die zu den Nacktsamern *(Gymnospermen)* zählen, haben ge-

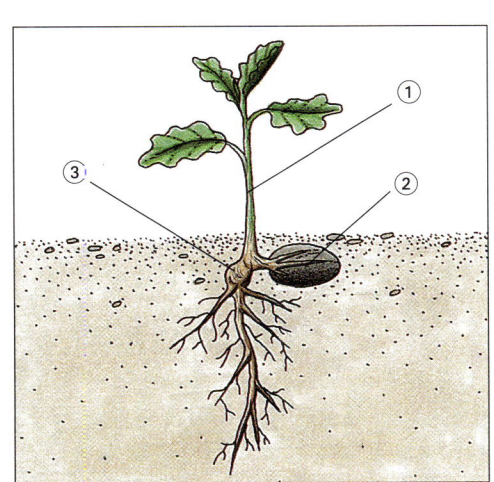

Unterirdische (hypogäische) Keimung: ① *Epikotyl mit Laubblättern,* ② *Keimblätter mit Reservestoffen,* ③ *Hypokotyl*

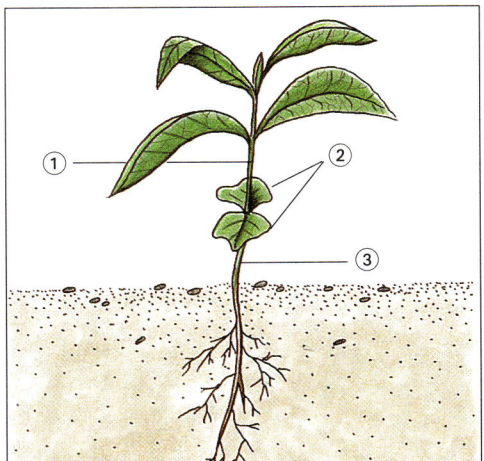

Oberirdische (epigäische) Keimung: ① *Epikotyl mit Laubblättern,* ② *Keimblätter mit Reservestoffen,* ③ *Hypokotyl*

wöhnlich mehrere Keimblätter, sie werden **mehrkeimblättrige Pflanzen** genannt.

Die jeweilige Art der Keimung wird unterschieden in unterirdische oder hypogäische Keimung und in oberirdische oder epigäische Keimung.

Zu den Arten, die unterirdisch keimen, zählt zum Beispiel die Eiche *(Quercus)*. Ihre Reservestoffe enthaltenden dicken Keimblätter mit dem **Hypokotyl** (Keimsproß der Samenpflanze, Übergang von der Wurzel zum Sproß) bleiben im Erdboden.

Oberirdisch befindet sich der aus dem **Epikotyl** (blattloser Sproßabschnitt) bestehende Keimling mit seinen Laubblättern. Oberirdisch keimt beispielsweise der Kaffee *(Coffea)*. Hier befindet sich das Hypokotyl oberhalb des Bodens, es folgen die Keimblätter, daran anschließend das Epikotyl und die Laubblätter.

Vermehrung aus Pflanzenteilen

Neben der generativen, geschlechtlichen Vermehrung aus Samen ist im Pflanzenreich auch die vegetative, ungeschlechtliche Vermehrung aus Teilen der Mutterpflanze verbreitet. Da sie ausschließlich aus den Zellen der Mutterpflanze erfolgt, sind so vermehrte Pflanzen erbgleich.

Verschiedene ausdauernde (perennierende) krautartige Pflanzen bilden **Rhizome** (Erdsproß mit Speicherfunktion) aus, in denen sie während der Vegetationsruhe, nachdem sie eingezogen haben, ohne oberirdische Pflanzenteile überdauern. Die Rhizome können nach mechanischer Durchtrennung neue Sprosse bilden und so zu neuen Pflanzen heranwachsen. Gartenunkräuter mit Rhizomen wie die Quecke oder die Winde sind daher schwer bekämpfbar.

Weitere vegetative Vermehrungsorgane sind **Zwiebeln**, die aus einem verkürzten Sproß bestehen und ihre Reservestoffe in verdickten Blättern beziehungsweise Blattabschnitten lagern. Außerdem gibt es **Knollen**. Diese unterteilen sich in Sproßknollen, bei denen sich das Ende eines Sprosses verdickt wie bei der Kartoffel, und in Wurzelknollen wie bei der Dahlie. Letztere hat Erneuerungsknospen nur am Wurzelhals. Darauf muß beim Pflanzen besonders geachtet werden.

Und schließlich sei die Rübe genannt, die aus dem verdickten Sproß und der Wurzel besteht. Sie gibt ihre Reservestoffe schon frühzeitig ab, um den Blütenstand auszubilden.

① *Zwiebel (keimend),* ② *Hauszwiebel (geteilt),* ③ *Zwiebelknolle (Krokus),* ④ *Wurzelknolle (Anemone),* ⑤ *Sproßknolle (Kartoffel),* ⑥ *Rhizom (Aronstab)*

Gewächshaus, Frühbeet, Zimmerkultur

Gewächshaus

Ein Gewächshaus nutzen zu können oder gar zu besitzen zählt für Pflanzenfreunde sicher mit zu dem höchsten Glück. Darin können sie eigentlich alle gewünschten Pflanzen selbst aus Samen oder aus Pflanzenteilen anziehen. Doch wer sich ein Gewächshaus zulegen möchte, sollte vor dem Kauf genau überlegen, ob er ein solches – oft nicht billiges – Haus überhaupt braucht. Wenn die Entscheidung für ein Gewächshaus gefallen ist, muß man sich darüber klarwerden, wie es konstruiert sein soll, welche Größe es haben muß und mit welchem Material es gedeckt sein soll. Sicher können nicht immer alle Vorstellungen verwirklicht werden. Auf die Wünsche von Nachbarn ist Rücksicht zu nehmen, der Bau muß auf die Bodenverhältnisse abgestimmt werden, die Möglichkeit zur Anlage einer Heizung und die Energiezufuhr (Gasanschluß, Heizöltank, Versorgung aus dem Haus, Strom- und Wasseranschluß) sollten gewährleistet sein, und schließlich muß alles auch bezahlbar bleiben. Sicher sind Kompromisse unvermeidlich. Doch man sollte nicht auf die Dinge verzichten, die erforderlich sind, um das Haus wunschgemäß nutzen zu können. Wer zum Beispiel jederzeit die Gelegenheit zum Anziehen von Pflanzen nutzen möchte, darf auf die Möglichkeit der Beheizung nicht verzichten.

Besonders wichtig ist die Entscheidung über die richtige Größe des Gewächshauses. Wenn alle Faktoren berücksichtigt sind und schließlich eine Entscheidung hinsichtlich der Größe gefallen ist, sollte das Haus dennoch etwas größer ausgewählt werden. Denn es hat sich herausgestellt, daß es oft schon nach kurzer Zeit zu klein ist – gerade dann, wenn Pflanzen überwintert werden sollen. Es ist nämlich sehr ungünstig, die Pflanzen im Winter zu dicht aufzustellen. Wenn zudem die Lüftung nicht gut arbeitet – bei kleinen Gewächshäusern oft ein Problem, wenn es draußen sehr kalt ist –, ist der Ausbreitung von Schädlingen und Krankheiten Tür und Tor geöffnet. Besonders schlimm kann sich in solchen Fällen Pilzbefall auswirken, den man unter diesen Bedingungen kaum noch unter Kontrolle bekommt.

Weiterhin sollte bei der Entscheidung über die Größe des Hauses berücksichtigt werden, ob eine Beheizung erforderlich ist und wie hoch die Mindesttemperatur im Winter sein soll. Je kleiner das Haus ist, desto größer ist der prozentuale Anteil der Glas-

Das Gewächshaus sollte groß genug sein, um Pflanzen überwintern zu können

fläche zum Volumen und damit auch der Energiebedarf. In diesem Zusammenhang ist auch die Art der Eindeckung wichtig. Soll das Haus sehr billig einfach mit Gartenbaufolie überzogen werden, oder geht die Entscheidung hin zu Glaseindeckung, oder werden gar Stegdoppel- oder Dreifachplatten favorisiert?

Soll das Haus beheizt werden, ist von einfacher Gartenbaufolie abzuraten. Ausnahmen sind Rundbogenhäuser, die mit Schlauchfolie gedeckt und gegebenenfalls zusätzlich mit Noppenfolie isoliert werden. Ansonsten sind Häuser mit Glaseindeckung aus klarem Gartenblankglas oder sogenanntem genörpeltem Gartenklarglas vorzuziehen, das diffuses Licht erzeugt. Noch besser ist es, doppelt zu verglasen oder zusätzlich mit Noppenfolie zu isolieren. Letzteres bewirkt allerdings eine deutliche Verminderung des Lichteinfalles. Eine gute Isolierwirkung zeigen Doppel- oder Dreifachstegplatten, allerdings zählen diese Materialien neben der Isolierverglasung auch zu den teuersten. Es ist jedoch ein Rechenexempel: Wer viel in die Isolierung investiert, spart erheblich an den laufenden Energiekosten. Wer wenig in sie investiert, muß mehr für die Beheizung ausgeben. Günstig für den Energiebedarf ist ein Anlehnhaus, weil dort mindestens eine Seite von der Wärme der Hauswand profitieren kann. Auch aus optischen Gründen ist ein Anlehnhaus zu empfehlen, weil sich hier der Wintergarten »vor der Tür« befindet.

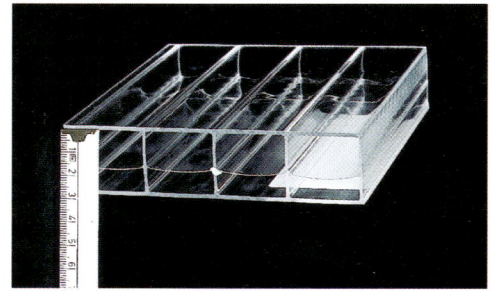

Dreifachstegplatten (hier ein Querschnitt) haben eine sehr gute Isolierwirkung

Hilft beim Energiesparen: ein Anlehngewächshaus

Kann es dann auch noch an das Heizsystem des Wohnhauses angeschlossen werden, können die Energie- und Anschlußkosten erheblich geringer ausfallen. Weiterhin ist beim Bau eines Gewächshauses zur Pflanzenanzucht zu berücksichtigen, daß bei starker Sonneneinstrahlung eine Beschattung erforderlich ist. Hierzu werden im Fachhandel verschiedene Systeme angeboten. Einfach und wirkungsvoll ist es, auf dem Dach eine ab- und aufrollbare Matte anzubringen. So kann nach Bedarf schattiert werden. Die Scheiben zu kalken, wie im Gartenbau oft üblich, ist zwar wirkungsvoll, jedoch ist die Beschattung dauerhaft, optisch nicht ansprechend und daher nicht zu empfehlen.

Schließlich noch einige Worte zur Einrichtung: Tische erleichtern die Arbeit sehr. Gut geeignet sind Tische aus Aluminiumprofilen oder aus verzinktem Stahl; ihnen kann die feuchte Wärme nichts anhaben. Auch Stein- oder Betontische kann man aufstellen. Abzuraten ist von Holz- oder Eisentischen, auch wenn sie mit Ölfarbe

Gewächshaustisch

gestrichen worden sind. Der Pflegeaufwand ist zu groß. Als Tischplatten haben sich in der Vergangenheit besonders Eternitplatten bewährt. Wegen des Zusatzes von Asbest wurden sie einige Zeit nicht mehr verwendet, doch inzwischen werden sie asbestfrei hergestellt. Sind die einzelnen Flächenelemente nicht zu groß, kann man auch Drahtglasplatten als Auflage verwenden. Diese haben den Vorteil, daß Pflanzen, die unter den Tischen abgestellt werden, ein wenig Licht abbekommen.

Heizung

Ein Gewächshaus, in dem Pflanzen angezogen und Jungpflanzen kultiviert werden, sollte beheizbar sein. Nur dann läßt es sich optimal nutzen. Verschiedene Vermehrungsverfahren werden nämlich in erster Linie im Winter durchgeführt. Will man Tropenpflanzen kultivieren – das sind die meisten bekannten Zimmerpflanzen –, muß die Heizung zudem so ausgelegt werden, daß im Winter eine Mindesttemperatur von 15°C erreicht wird.

Am praktischsten läßt sich ein Gewächshaus oder Wintergarten beheizen, wenn die Versorgung direkt vom Wohngebäude aus erfolgen kann. Es ist besonders günstig, wenn sich das Glashaus möglichst in unmittelbarer Nähe befindet oder sogar ans Haus angebaut ist. Ideal ist eine **Warmwasser-Zentralheizung.** Hierbei wird die Wärme durch Konvektion kontinuierlich abgegeben, ohne den Raum an einer Stelle stark zu überhitzen. Für eine schnelle und optimale Verteilung der Warmluft im Gewächshaus kann ein Lüfter installiert werden.

Jungpflanzenbetriebe favorisieren oftmals **Bodenheizsysteme,** wenn eine Warmwasserheizung vorhanden ist. Die Wärmever-

Bei Elektroheizungen muß man darauf achten, daß die Geräte für den Einsatz im Gewächshaus eine besondere Ausstattung brauchen

Für Gewächshausbesitzer mit Gasanschluß eine kostengünstige Lösung: die Gasheizung

teilung erfolgt über Kunststoffrohre, die in etwa 30 cm Tiefe im Boden verlegt werden. Darunter sollten Styroporplatten zur Isolierung nach unten verlegt werden. Eine solche Heizung erwärmt den Boden und den Raum darüber optimal.

Thermostatische Regelung ist möglich, die Wirkung ist jedoch verhältnismäßig träge. Steht Gas als Energieträger zur Verfügung und soll damit direkt geheizt werden, stellt die sogenannte **Warmluftheizung** eine kostengünstige Variante dar. Sie wird im Gewächshaus aufgestellt, die Abluft nach außen geführt. Durch thermostatische Regelung sorgt sie stets für die gewünschte Temperatur. Ein Stromanschluß ist erforderlich. Preiswerter ist eine im Glashaus aufgestellte gasbetriebene Warmluftheizung, wenn das Abgas nicht nach außen geführt wird.

Auch eine solche Heizung läßt sich thermostatisch regeln. Allerdings hat sie den Nachteil, daß sie den Sauerstoff im Raum verbraucht und den Kohlendioxydgehalt deutlich erhöht. Das ist dann besonders gravierend, wenn das Haus gut isoliert ist und Frischluft von außen nicht in ausreichendem Maße zugeführt wird. Die Heizung kann sich in einem solchen Fall abschalten. Außerdem bildet sich bei der Verbrennung Wasser, das sich zunächst unterhalb der Dachverglasung ansammelt und bei Windzug oder leichter Bewegung abregnet. Dadurch können Pilzsporen übertragen und ihr Keimen gefördert werden. Eine sehr saubere, aber auch sehr teure Heizung ist die **Elektroheizung**. Manche Kleingewächshausbauer bieten sie als Zubehör an. Zum empfehlen sind Konvektorheizungen in Form eines Rohres mit aufgesetzten Konvektionsflächen, die im unteren Bereich dicht an der Verglasung installiert werden. Dadurch läßt sich ein Beschlagen der Scheiben verhindern. Auch Elektroheizlüfter können im Kleingewächshaus gute Dienste leisten. Es dürfen jedoch nur speziell für solche Zwecke zugelassene Geräte mit einer besonderen Isolierung verwendet werden. Sie kosten ein Mehrfaches der im Wohnbereich einsetzbaren Geräte. Zu empfehlen ist eine thermostatische Steuerung. Dadurch läßt sich viel Geld sparen und zu jeder Zeit die für die Pflanzen optimale Temperatur einstellen. Die Kosten für die Installation einer Elektroheizung sind meistens deutlich niedriger als die anderer Heizsysteme, allerdings schlagen die Kosten für den Stromverbrauch erheblich zu Buche.

Zusatzbeleuchtung

Licht ist lebensnotwendig für die Pflanzen. Es ist die Energiequelle, die ihnen das Leben erst ermöglicht. Pflanzen wandeln anorganische in organische Stoffe um. Diesen Vorgang nennt man **Assimilation**. Dabei wird aus Wasser, das die Pflanzen aus dem Boden aufnehmen, und dem Kohlendioxyd (CO_2) der Luft mit Hilfe des Sonnenlichtes Stärke und Sauerstoff produziert. Letzterer wird von den Pflanzen ausgeschieden und entweicht kontinuierlich in die Atmosphäre. Er ist zum Überleben von Mensch und Tier notwendig. Daher ist menschliches und tierisches Leben ohne Pflanzenwuchs auf unserer Erde nicht denkbar. Diese Art der Assimilation wird auch Photosynthese genannt. Sie ist nur bei Anwesenheit von Chlorophyll, dem Blattgrün, möglich. Viele heimische Gehölze verlieren im Herbst ihre Blätter. Sie treten dann gezwungenermaßen in die Vegetationsruhe ein. Besondere Pflanzenzüchtungen ohne

Rote Kakteen sind ohne Unterlage nicht lebensfähig

Lichtmangel bei der Pflanzenanzucht: Die Pflanzen im hinteren Kasten haben Geiltriebe ausgebildet, die im vorderen Kasten sind normalwüchsig

Blattgrün, wie beispielsweise rote oder gelbe Kakteen, sind aus den genannten Gründen selbst nicht überlebensfähig. Sie müssen daher auf eine Unterlage veredelt werden.

Es ist ohne weiteres möglich und bei vielen Arten auch empfehlenswert, Pflanzen im Winter anzuziehen. Zu diesem Zweck eignet sich besonders gut ein Gewächshaus oder Zimmergewächshaus. Dort haben die Pflanzen die Temperaturen, die sie zum Auflaufen und zum Weiterwachsen benötigen. Doch ist folgendes zu bedenken: Die meisten so angezogenen Arten stammen nicht aus unseren Regionen, sondern haben ihre Heimat in den Subtropen oder gar in den Tropen. Dort sind Temperaturen zwar denen im Gewächshaus ähnlich, nicht jedoch die Lichtverhältnisse. Die Pflanzen leiden daher – gerade in den Wintermonaten – unter mangelnder Lichteinstrahlung. Sie reagieren mit Vergeilen, daß heißt, sie bilden lange, weiche Triebe mit großen Internodien aus (so bezeichnet man die Abstände zwischen den Knospen). Ab einer gewissen Länge verlieren sie den Halt und knicken um. Dann ist es nur noch eine Frage der Zeit, bis sie faulen oder durch Bodenpilze befallen werden und eingehen.

13

Es ist daher wichtig, für ausreichende Lichtverhältnisse zu sorgen. Verschiedene Firmen bieten zu diesem Zwecke Beleuchtungskörper an. Besonders preiswert und dennoch wirkungsvoll sind zum Beispiel dem Tageslicht angenäherte (blauviolett scheinende) Spezial-Röhren – erhältlich in unterschiedlicher Wattzahl –, die wie gewöhnliche Leuchtstoffröhren installiert werden.

Man sollte jedoch nur für den Gartenbau zugelassene spritzwassergeschützte Fassungen verwenden.

Ab März oder April ist ein zusätzliches Belichten bei der Jungpflanzenanzucht in der Regel nicht mehr erforderlich.

Für Zimmergewächshäuser gibt es spezielle Vorrichtungen, die aus einer Heizplatte bestehen, einer dazu passenden Kunststoffschale mit einer durchsichtigen Abdeckung und einem Gestell darüber, in das eine Leuchtstoffröhre eingebaut ist. Allerdings geben sie gewöhnlich weißes Licht ab, weil diese Farbe für das menschliche Auge angenehmer erscheint. Diese Leuchtstoffröhren sind zwar nicht ganz so gut wie die oben erwähnten Beleuchtungskörper, zur Zusatzbeleuchtung von Pflanzen aber geeignet.

Mit einer solchen Zusatzbeleuchtung können die verschiedensten Pflanzen auch in einer dunkleren Ecke eines Zimmers angezogen werden, ohne daß man Vergeilen und Absterben befürchten muß.

Noch unabhängiger ist man natürlich, wenn die Temperatur der Heizplatte thermostatisch geregelt und zusätzlich das Licht automatisch mittels Zeitschaltuhr ein- und ausgeschaltet wird.

Die Dauer der täglichen Zuschaltung des künstlichen Lichtes sollte etwa zehn bis zwölf Stunden betragen.

Spezialbeleuchtung für Gewächshäuser

Das richtige Licht

Ein Richtwert für die zu wählende Leistung sind etwa 50 Watt pro m² bei einem Abstand von circa 30 cm zu den bestrahlten Pflanzen. Mindestens jedoch sollten die Pflanzen einer Lichtintensität von etwa 2000 Lux ausgesetzt sein. In Abhängigkeit von der Bauart des gewählten Beleuchtungsmittels muß eine tageslichtähnliches Licht abgebende Leuchtstoffröhre mit einer Leistung von 40 Watt hierbei etwa 1 m über den Pflanzen installiert sein.

Vermehrung unter Sprühnebel

Die Vermehrung unter Sprühnebel wurde Ende der dreißiger Jahre in den USA entwickelt. Diese Methode soll die Stecklingsanzucht vereinfachen, indem die Blätter automatisch stets befeuchtet werden und somit der Saftdruck im Steckling konstant bleibt.

Vom Prinzip funktioniert eine Sprühnebel-
anlage folgendermaßen: Durch sehr feine
Düsen wird Wasser im geschlossenen
Vermehrungshaus vernebelt. Dadurch entsteht eine hundertprozentige relative Luftfeuchtigkeit. Der Hauptfeind junger unbe-
wurzelter Stecklinge, die Verdunstung,
wird damit ausgeschaltet. Die Blätter brauchen daher nicht zurückgeschnitten zu
werden, sie können für eine optimale Assimilation sorgen. Damit wird auch die Bewurzelung gefördert, und so ist der Kreis
geschlossen: Unter Sprühnebel gesteckte
Stecklinge bewurzeln erheblich schneller.
Es können auch weichere Stecklinge verwendet werden, weil deren Saftdruck (Tur-
gordruck) unter Sprühnebel erhalten bleibt
und – ein positiver Nebeneffekt – Pilzinfektionen und Schädlingsbefall kaum
einmal lästig werden. Auf diese Weise können sogar Pflanzen vermehrt werden, die
sich gewöhnlich aus Stecklingen nur
schwer bewurzeln.

Das Vernebeln hat aber auch einige Nach-
teile. So funktioniert es nur dann, wenn ein
Wasserdruck von mindestens 3 bar vorhanden ist. Das Wasser muß weich sein,
damit keine Kalkablagerungen die Funk-
tion beeinträchtigen. Die Dauer des Nebel-
vorganges muß gesteuert werden, zum Beispiel durch eine sogenannte Tauwaage, bei
der das Gewicht des Wasserfilms auf einer
Metallplatte einen Schaltvorgang auslöst.
Damit wird ein Vernässen des Bodens und
Faulen der Stecklinge ausgeschlossen. Wegen der Verdunstung des aufgesprühten
Wassers entsteht Verdunstungskälte. Dagegen sollte eine Bodenheizung für günstige
Temperaturen sogen.

Sprühnebelanlagen können auch in kleine-
ren Gewächshäusern eingesetzt werden,
wenn die genannten Erfordernisse erfüllt
werden können. Ein eventueller Ausfall der
Anlage muß sofort behoben werden, um
Schäden an den Pflanzen zu vermeiden.

Frühbeetkasten

Frühbeet

Frühbeete waren in der Vergangenheit ein
wichtiges, unerläßliches Hilfsmittel in der
Jungpflanzenanzucht. Inzwischen sind Fo-
lienhäuser, Vliese und ähnliches sehr preiswert zu erwerben und erfüllen den gleichen
Zweck. Dennoch: Frühbeetkästen sind
auch heute noch gut geeignet als Kultur-
raum zur Stecklingsanzucht, die im März
oder April ausgepflanzt werden sollen.
Auch verschiedene Sommerblumen lassen
sich dort bestens anziehen und vortreiben,
ebenso empfindliche Gemüse wie Gurken,
Paprika und Auberginen. Ideal sind diese
Kästen auch als Quelle stets frischer Würz-
pflanzen und Kräuter. Hier gedeihen sie
geschützt und können sich nach dem
Schneiden stets wieder optimal entwickeln.
Auch zur Stecklingsvermehrung von Koni-
feren sind sie geeignet.

Zimmerkultur

Sehr viele Pflanzen lassen sich aus Samen
in einem Gefäß auf der Fensterbank anziehen. So braucht nicht auf das Anziehen
von Pflanzen zu verzichten, wer keinen

15

Anzuchtkasten für die Fensterbank

Garten oder keine Terrasse besitzt. Die meisten unserer Zimmerpflanzen stammen aus wärmeren Gegenden, aber auch viele unserer Gartenpflanzen. Sie eignen sich daher besonders gut zur Selbstanzucht auf der Fensterbank. Einige Arten können anschließend auch im Zimmer weiterkultiviert werden. Manche wachsen zierend, blühen oder bringen gar schmackhafte Früchte hervor.

Auch selbstgezogene Blüh- und Fruchtpflanzen wie die folgenden gedeihen bestens im Zimmer: Schönmalve *(Abutilon)*, Allamanda *(Allamanda)*, Oleander *(Nerium)*, die Ananaspflanze *(Ananas comosus)*, diverse Begonien *(Begonia)*, Baumwolle *(Gossypium)*, Passionsblumenarten *(Passiflora)*, Calamondinorange (x *Citrofortunella mitis)* und viele verschiedene Zwiebel- und Knollenpflanzen.

Weiterhin können viele Samen exotischer Früchte in einem Zimmergewächshaus zum Keimen gebracht werden. Doch häufig entwickeln die daraus wachsenden Pflanzen anschließend eine so starke Wuchskraft, daß sie nur noch im Gewächshaus beziehungsweise im Sommer im Garten einen Platz finden. Und noch eine interessante Besonderheit:

Es ist möglich, aus Sämlingen normalerweise groß werdender Pflanzen Miniaturpflänzchen oder Bäumchen heranzuziehen. Dazu werden im Handel kleine Wurzelkörbchen aus einem Gittergeflecht angeboten, die mit Anzuchtssubstrat gefüllt und in Torfquelltöpfe gesetzt werden. Aus den anschließend darin ausgesäten Samen wachsen Pflänzchen, die ein nur sehr beschränktes Wurzelwerk ausbilden können und daher klein bleiben. Wegen der Durchlässigkeit des Geflechts werden sie jedoch mit allen notwendigen Nährstoffen und Wasser versorgt.

Im Zimmer ist ausreichende Wärme nahezu immer vorhanden, aber an Licht mangelt es leider oft, besonders dann, wenn die Anzuchtgefäße nicht direkt am Fenster aufgestellt werden können, sondern weiter im hinteren Bereich des Zimmers stehen. Dann ist es unerläßlich, zusätzlich zu belichten (siehe Seite 13).

Sogenannte Kaltkeimer (Frostkeimer) benötigen hingegen den kalten Winter, damit ihre Keimhemmung durchbrochen wird und sich der Keimling entwickeln kann. Dazu zählen viele Stauden und Gehölze. Solche Pflanzen werden besser im Freien oder im Kasten angezogen.

Pflanzen, die im Zimmer aus Samen oder Stecklingen gezogen werden können

Grünpflanzen wie der Drachenbaum *(Dracaena)*, die Yuccapalme *(Yucca)*, verschiedene Feigenarten *(Ficus benjamina* und *Ficus elastica,* der Gummibaum), die Bananenstaude *(Musa)*, die Dieffenbachie *(Dieffenbachia)*, ferner die Grünlilie *(Chlorophytum)* und viele Palmenarten sowie Kakteen; die Kaffeepflanze *(Coffea)* kann auch blühen und fruchten.

Erden
und Substrate

Stecklinge werden in einem Medium bewurzelt. In der Regel handelt es sich dabei um ein Aussaat- beziehungsweise Anzuchtsubstrat. Manche Arten wie die Weide *(Salix)*, die Forsythie *(Forsythia)* und der Oleander *(Nerium)* wurzeln sogar problemlos in Wasser.

Anzuchtsubstrate können selbst hergestellt werden. Ein einfaches Rezept: 1 Teil nicht zu feiner sauberer beziehungsweise gereinigter Quarzsand (Bausand) und 1 Teil feinfaseriger Torf. Feiner Sand würde zum Verschlemmen neigen oder beim Gießen herausgespült werden. Die Wichtung der einzelnen Substanzen kann erheblich schwanken. Viele Kultivateure haben ihre eigenen Mischungen, einige halten sie sogar streng geheim, insbesondere was mögliche Zusatzsstoffe betrifft.

Einige Granatapfelstecklinge im Anzuchtsubstrat

Ist der Torfanteil hoch oder wird gar ausschließlich in Torf gesteckt, sollte dieser nicht zu sauer sein. Erforderlichenfalls muß auf einen pH-Wert von 5–6,5 aufgekalkt werden.

Bei der Mischung eigener Anzuchtsubstrate sollten die folgenden Punkte berücksichtigt werden:

● Das Substrat muß Feuchtigkeit halten können, darf jedoch nicht zum Verschlämmen neigen: Stecklinge in nassem Substrat können nicht atmen und faulen deshalb sehr schnell.

Außerdem werden sie wegen der Schwächung leicht Opfer von Schädlingen oder Pilzinfektionen.

● Der Mischung sollen keine Nährstoffe zugesetzt werden: Nur in nährstoffarmen Substraten ist die junge Pflanze oder der Keimling bemüht, intensiv Wurzeln zu bilden, um sich mit Nährstoffen versorgen zu können.

● Das Substrat soll keine Schadorganismen und Unkrautsamen enthalten: Solche Beimengungen können die jungen, zarten Pflanzen erheblich schädigen oder gar abtöten.

Selbstgemischte Erden mit Kompostanteil sollten daher durch ausreichendes Erhitzen in hitzebeständiger Folie sterilisiert werden. Am einfachsten und sichersten ist es, gute Anzuchterden zu kaufen. Diese sind auf die Bedürfnisse der Sämlinge und junger Stecklinge abgestimmt und unkrautsamen- sowie schädlingsfrei.

Pflanzenerde sterilisieren

3–5 Liter selbstgemischte Erde eine halbe Stunde bei 140–160°C im Backofen oder 10 Minuten in der Mikrowelle bei einer Leistung von etwa 800 Watt erhitzen. So werden die Keime zuverlässig abgetötet.

Hilfsstoffe zur Pflanzenanzucht

Stecklinge stippt man vor dem Setzen in das Bewurzelungspuder

Verschiedene Stecklinge und Steckhölzer bewurzeln sich nur schwer. Bei manchen Arten ist die Vermehrung unter Sprühnebel (siehe Seite 14) empfehlenswert. Häufig hilft die Verwendung von Wuchsstoffen, die das Wurzeln deutlich fördern können. Solche Wuchsstoffe werden im Handel angeboten. Es handelt sich dabei um verschiedene chemische Substanzen, die besonders auf weiche, halbverholzte oder verholzte Stecklinge reagieren. Auch wirken die Substanzen artspezifisch unterschiedlich.

Die Anwendung ist einfach, denn die meisten sind puderartig. Man stippt die Stecklinge vor dem Stecken kurz in das Mittel, streift überschüssigen Puder am Rand des Gefäßes ab und setzt sie in die Erde. Einige Mittel werden auch in Wasser gelöst, in das dann die Stecklinge für einige Zeit hineingestellt werden. Während der Anzucht darf die Bodentemperatur einen bestimmten Wert nicht überschreiten. Er liegt bei etwa 24°C. Nähere Angaben befinden sich auf den Beipackzetteln. Man sollte sie vor der Anwendung aufmerksam lesen und bei der Benutzung beachten. An dieser Stelle Namen bestimmter Produkte zu nennen erscheint nicht sinnvoll, denn es ist durchaus möglich, daß diese Mittel – ebenso wie es sich bei Pflanzenschutzmitteln verhält – nach Erscheinen dieses Buches schon nicht mehr zugelassen oder durch andere ersetzt worden sind. Stecklinge von Pflanzen, die besonders gut nach der Behandlung mit Wuchsstoffen wurzeln, sind unter anderem folgende: Ahornarten *(Acer)*, Apfeltypen *(Malus)*, Kamelien *(Camellia)*, Zier- oder Scheinquitte *(Choenomeles)*, Zitrusarten *(Citrus)*, Klematis, Waldrebe *(Clematis)*, Zaubernuß *(Hamamelis)*, Hibiskus *(Hibiscus)*, Maulbeere *(Morus nigra)*, Olive *(Olea)*, Feuerdorn *(Pyracantha)*, Rhododendron, Alpenrose *(Rhododendron)*, Stachelbeere *(Ribes)*, Kulturheidelbeere *(Vaccinium corymbosum)*, Schneeball *(Viburnum)*, Weigelie *(Weigela)*, und Jujube *(Ziziphus)*.

Generative Vermehrung

Die meisten Pflanzen können aus Samen vermehrt werden. Im Gegensatz zur ungeschlechtlichen Vermehrung, bei der die neuen Pflanzen nur die Erbmerkmale der Mutterpflanze aufweisen, tragen Pflanzen aus geschlechtlicher Vermehrung die Erbinformationen sowohl der Mutter- also auch der Vaterpflanze. Nachdem von den männlichen Blütenorganen, den Staubgefäßen, Pollen auf die weibliche Narbe übertragen wurden und es zu einer Befruchtung gekommen ist, bilden sich anschließend in unterschiedlicher Weise Samen aus.

Verschiedene Pflanzenarten sind **selbstbestäubend.** Bei diesen Arten befinden sich gewöhnlich die männlichen und die weiblichen Blütenorgane innerhalb einer Blüte. Durch Insektenbesuch oder durch Windbewegungen wird der männliche Pollen auf die weibliche Narbe übertragen, und somit kann nach erfolgreicher Befruchtung der Samen ausgebildet werden. Zu diesen Pflanzen zählen zum Beispiel Bohnen *(Phaseolus sp.),* Tomaten *(Lycopersicon),* und verschiedene Zitrusarten *(Citrus* sp.). Natürlich ist auch hier Fremdbefruchtung möglich.

Eine weitere Variante stellen Pflanzen dar, die zwar selbstbestäubend sind, deren Blüten jedoch entweder **rein weiblich** oder **rein männlich** sind – an derselben Pflanze. Hier erfolgt die Bestäubung durch Übertragung der Pollen von der männlichen zur weiblichen Blüte. Zu diesen Pflanzen zählen Gurken *(Cucumis* sp.), Kürbisse *(Cucurbita* sp.) und sogar eine Kiwisorte *(Acti-*

nidia). Auch hier ist Fremdbestäubung selbstverständlich möglich.

Und schließlich gibt es Pflanzen, die entweder **weiblich oder männlich** sind. Sie müssen immer in einem von verschiedenen Faktoren abhängigen Abstand zusammenstehen, damit eine gegenseitige erfolgreiche Befruchtung gewährleistet ist. Die meisten dieser Pflanzen sind auf Insekten als Pollenüberträger angewiesen. Zu diesen Pflanzen zählen der Sanddorn *(Hippophaë rhamnoides),* Kiwi *(Actinidia chinensis),* die Skimmie *(Skimmia japonica),* der Mastixstrauch *(Pistacia lentiscus)* und der Spinat *(Spinacia oleracea).*

Außerdem gibt es manche Besonderheiten, zum Beispiel bei den Süßkirschen *(Prunus)* und der Avocado *(Persea americana),* bei denen nur Pollen ganz bestimmter Pflanzen, die in Gruppen zusammengefaßt sind, andere weibliche Blüten befruchten können. Und bei der Walnuß *(Juglans regia)* befinden sich zwar weibliche und männliche Blüten an einer Pflanze, nur reifen sie zu unterschiedlichen Zeiten, so daß eine Selbstbestäubung in den meisten Fällen ausgeschlossen ist. Die Mischerbigkeit ist bei vielen Pflanzen überlebenswichtig. Nur

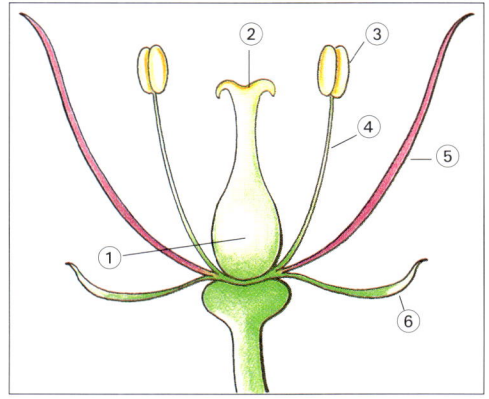

Schematischer Aufbau einer Blüte:
① *Fruchtknoten,* ② *Narbe,* ③ *Pollensäcke,*
④ *Staubblätter,* ⑤ *Blütenblätter,*
⑥ *Kelchblätter*

so sind beispielsweise viele Baumarten überhaupt erst in der Lage, sich den häufig ändernden Umweltbedingungen immer wieder erneut anzupassen, ohne Schaden zu nehmen oder gar auszusterben. Durch natürliche Selektion sind nur die kräftigsten und an die jeweiligen Umweltbedingungen optimal angepaßten Individuen in der Lage, dauerhaft zu bestehen. Krankheiten können dann zwar immer noch erhebliche Schäden anrichten, jedoch finden sich stets wieder Pflanzen, die ihnen gewachsen sind und überleben. Nur sie sind dann in der Lage, sich weiterzuvermehren und somit ihre Resistenz auf ihre Nachkommen zu übertragen. Dieser Mechanismus hat es den Pflanzen ermöglicht, auch unter schwierigsten Bedingungen überleben zu können.

Die genetische Vielfalt unserer Pflanzenwelt ist unverzichtbar. Das steht jedoch keinesfalls im Widerspruch zur ungeschlechtlichen Vermehrung, wenn daraus nicht riesige Monokulturen herangezogen werden, sondern nur den jeweiligen Bedürfnissen entsprochen wird. Im übrigen vermehren sich manche Pflanzen selbst auf vegetativem Wege, ohne das Zutun von Menschen, z.B. durch Ableger.

landwirtschaftliche Sämereien. So muß eine bestimmte Keimfähigkeit und – eigentlich selbstverständlich – auch Sortenechtheit gewährleistet sein.

Sehr hilfreich ist die auf manchen Samentüten angegebene Mindesthaltbarkeit. Sie gilt natürlich nur bei ordnungsgemäßer Lagerung des Saatgutes in der ursprünglichen Verpackung. Neuerdings ist auf einigen Samentüten auch die Anzahl der zu erwartenden Pflanzen genannt. Sämereien in Keimschutzpackungen sind vor Klimaschwankungen geschützt. Die für getrocknetes Saatgut schädliche hohe Luftfeuchtigkeit kann ihnen nichts anhaben.

Spezialsamenversender packen das zu versendende Saatgut häufig individuell ab. Oft handelt es sich um Samen von exotischen Pflanzen, die aus aller Herren Länder importiert wurden. Die Keimquote solcher Samen liegt erheblich unter derjenigen heimischer Sämereien.

Samenlagerung

● Hinweise auf den Samenverpackungen beachten.
● Für die meisten Arten ist trockene und kühle Lagerung richtig.
● Exotische Sämereien möglichst bald verbrauchen.

Sameneinkauf

Von einer großen Anzahl von Pflanzen sind Sämereien nahezu jederzeit erhältlich. Sowohl in Fachgeschäften als auch in vielen anderen Verkaufsstellen sind sie zu finden. Spezialversender haben sich oftmals auf ganz bestimmte Sämereien spezialisiert oder bieten ein riesiges Spektrum besonderer Sämereien an. Strengen gesetzlichen Regelungen unterliegen viele Gemüse- und

Keimprobe

Um die Keimfähigkeit eines bestimmten Saatgutes zu testen, kann man Keimproben machen. Dabei zeigt sich, wieviel Prozent bestimmter Sämereien innerhalb einer vorgegebenen Zeit keimen.

Die Aussagekraft ist von verschiedenen Faktoren abhängig und nur dann von Wert, wenn die Parameter sinnvoll ausgewählt werden.

Wann ist eine Keimprobe sinnvoll, wann nicht? Älteres Saatgut kann einer Keimprobe unterworfen werden, weil anhand der dadurch ermittelten prozentualen Keimfähigkeit die Aussaatdichte festgelegt werden kann. Auch zur Qualitätskontrolle erworbenen Saatgutes kann man eine Keimprobe machen, wenn bekannt ist, wie hoch die Keimquote üblicherweise ist. Gerade im landwirtschaftlichen Bereich ist das Wissen um die Keimquote wichtig. Sie kann Entscheidungsgrundlage für den unter Umständen kostenaufwendigen Zukauf weiteren Saatgutes sein.

Weniger sinnvoll ist es für den Hobbygärtner, Keimproben exotischer Sämereien vorzunehmen, die ohnehin recht teuer sind und nach Stück gehandelt werden. In diesem Fall sollte man die erworbenen Samen vorschriftsmäßig aussäen und das Ergebnis bewerten.

Zur Ermittlung der Qualität des Saatgutes muß die übliche Keimfähigkeit in Prozent und die Zeit der Keimfähigkeit in Monaten oder Jahren bekannt sein, ferner die durchschnittliche Keimdauer in Tagen oder Wochen. Der Versuch sollte bei der für die betreffende Art optimalen Temperatur vorgenommen werden.

Die Durchführung der Keimprobe kann auf verschiedene Weise erfolgen. Recht einfach ist folgendes **Verfahren:** In ein ungelochtes Aussaatgefäß oder einen Teller wird zwei- oder dreischichtiges Vliespapier (Küchenpapier) gelegt und durchgehend befeuchtet. Darauf wird eine bestimmte Anzahl von Samenkörnern gelegt. Es muß sich um eine durchschnittliche Probe handeln, keinesfalls um besonders ausgewählte Samen. Je mehr Samen man verwendet, desto genauer ist das hochzurechnende Ergebnis. Üblich sind etwa 10 bis 100 Korn. Bei besonders feinem Saatgut muß unter Umständen nach Volumen abgemessen und hochgerechnet werden. Sehr großes Saatgut (Boh-

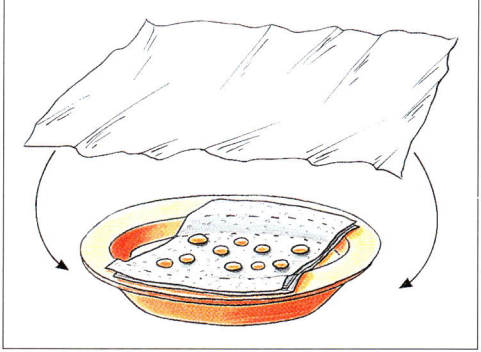

Mit einem Teller und Vliespapier kann man eine Keimprobe machen

nen, Erbsen) kann man auch in reinem Sand auslegen. Nach dem Auslegen der Samen wird das Gefäß mit einer Glasscheibe oder einer durchsichtigen Folie abgedeckt. So entsteht darunter eine hohe Luftfeuchtigkeit, die verhindert, daß die Samen austrocknen. Das Probegefäß wird anschließend in einem 18–24°C warmem Platz – zum Beispiel im Zimmer – aufgestellt. Es muß ausgesprochen sauber und hygienisch einwandfrei gearbeitet werden, denn genauso, wie die Samen auflaufen sollen, können auch unerwünschte Pilzsporen keimen.

Nach Ablauf der Vorgabezeit wird die Anzahl der aufgelaufenen Samen gezählt und ins Verhältnis zu der Gesamtzahl der Samen aus dem Versuch gesetzt. Die daraus ermittelte Prozentzahl entspricht der Keimfähigkeit der Samen aus der Probe.

Die Vorgabezeit ist die Zeit, die normalerweise erforderlich ist, bis Samen der betreffenden Art auflaufen. Man kann die Zählung aber auch nach einer etwas längeren Zeit vornehmen. Gurken laufen gewöhnlich nach 10 Tagen auf, man kann die Anzahl der aufgelaufenen Samen aber auch nach 15 Tagen ermitteln.

Liegt die Keimfähigkeit bei Gemüse- und Kräutersämereien unter 20 bis 25 Prozent, lohnt sich eine Aussaat kaum, es sei denn, die Samen sind nicht mehr im Handel erhältlich.

Manche Blumen- und Gehölzsämereien lassen sich nicht ohne weiteres mit einer Keimprobe testen. Dazu gehören besonders solche Arten, die zum Keimen Wechseltemperaturen benötigen, und solche, die lange liegen beziehungsweise stratifiziert werden müssen.

Samen des Palmfarns (Cycas revoluta) müssen bei 30–35°C ausgesät werden und keimen oft erst nach Monaten

Samenernte

Lohnt es überhaupt, Samen selbst anzuziehen, wenn von Fachbetrieben gezüchtete schon sehr preiswert abgegeben werden? Gerade bei Blumen- und Gemüsesorten sind die Zuchtbetriebe stets bemüht, hochwertiges Saatgut mit den jeweils gewünschten und erwarteten Eigenschaften heranzuziehen. Samen, die zum Beispiel von F1-Hybriden geerntet werden, ergeben bei ihrer Aussaat keine Pflanzen, die identisch mit denjenigen sind, von denen die Samen abgenommen wurden. Sie sind aufgespalten und geben zum Teil die Eigenschaften der Elternpflanzen wieder. F1-Hybriden entstehen aus dem Kreuzen zweier Zuchtlinien (Elternpflanzen). Die erste Tochtergeneration ist die F1-Hybride.

Verschiedene Arten können ohne große Probleme aus selbst gesammelten Samen vermehrt werden. Wichtig ist stets, daß die geernteten Samen ausgereift sind. Einige Arten reifen zwar auch nach, doch bei vielen ist die Keimfähigkeit nur zufriedenstellend, wenn das Saatgut bei der Ernte ausgereift war. Oftmals reifen die Samen allerdings unregelmäßig aus, man muß von den

Beständen also mehrmals ernten. Weiter gibt es Pflanzen, deren reife Samen ganz plötzlich freigegeben werden. Hierzu zählen die in Kapseln reifenden Samen der Stiefmütterchen und der Balsamine. Es kommt also auf den richtigen Erntezeitpunkt an. Sehr wertvolle beziehungsweise seltene Samen, die zwar ausreifen müssen, dann aber plötzlich freigegeben werden können, müssen geschützt werden. Zu diesem Zwecke werden die Samenstände mit Pergament oder einem Gewebe umwickelt, in dem die Samen aufgefangen werden.

Samen, die sich in fleischigen Früchten wie Tomaten oder Gurken befinden, müssen vor dem Trocknen vom Fruchtfleisch befreit und gereinigt werden. Bei kleinem Bedarf bereitet es keine großen Schwierigkeiten, die einzelnen Samenkörner dem Fruchtfleisch zu entnehmen, abzuspülen und zu trocknen. Ansonsten werden die ganzen Früchte oder bei Gurken das herausgeschnittene Mark mit den eingelagerten Samen in Wasser kurz vergoren. Dabei ist darauf zu achten, daß keine zu hohen Temperaturen auftreten, die sich negativ auf die Keimfähigkeit auswirken können. Der Gärvorgang soll sofort abgebrochen werden, sobald sich das Fruchtfleisch ver-

Samen der Wollmispel (Eriobotrya japonica) stecken in sehr wohlschmeckenden, säuerlichen Früchten

Die Samen mancher Nadelgehölze reifen in Zapfen, die plötzlich aufspringen und auf den Boden fallen. Hier müssen die fast reifen, aber noch geschlossenen Zapfen geerntet werden. Durch sogenanntes **Klengen** werden die Samen freigegeben. Dazu werden die Zapfen in Kisten gelegt und sehr warm aufgestellt. Schon nach recht kurzer Zeit öffnen sich die Segmente der Zapfen, aus denen die Samen herausfallen. Hilfreich ist auch ein kräftiges Schütteln der geöffneten Zapfen.

flüssigt hat. Die Flüssigkeit wird durch ein Sieb mit geeigneter Maschenweite abgegossen. Anschließend sammelt man die Samen ein und spült sie ab. Schließlich werden sie ausgebreitet und bei Temperaturen um 20–30°C getrocknet. In Säckchen, Gläsern, Kisten oder anderen Behältern dürfen die Samen nur gelagert werden, wenn sie wirklich trocken sind. Ansonsten können sie leicht von Schimmel befallen werden, der das Saatgut innerhalb kürzester Zeit vernichtet.

In Obstgeschäften sind heute zahlreiche exotische Früchte im Angebot. Viele von ihnen tragen Samen, die ausgesät werden können. Doch ist das Keimergebnis nicht immer befriedigend. Eine häufige Ursache dafür ist, daß die Früchte noch vor dem Ausreifen geerntet werden, weil sie dann haltbarer und wesentlich besser zu transportieren sind. Nicht immer ist die Nachreife ausreichend.

Außerdem ist es nicht ausgeschlossen – obwohl bei uns verboten –, daß manches Obst zur Haltbarmachung radioaktiv bestrahlt wird. Dann ist es mit der Keimfähigkeit meistens vorbei (zu weiteren Hinweisen zur Samengewinnung aus exotischem Obst siehe Seite 95).

Aufbereitung

Das gewonnene Saatgut kann auf verschiedene Art und Weise aufbereitet werden. Dadurch läßt sich die Qualität verbessern. Wichtig ist zunächst eine gute Reinigung des Saatgutes und das Entfernen von allen Fremdstoffen. Dann kann nach Korngröße sortiert werden **(Kalibrierung)**, was ein mechanisches Aussäen erleichtert. Auch **pilliertes Saatgut** läßt sich leichter aussäen. Für den Kleinverbraucher ist es vorteilhaft, daß er Sämlinge wie solche von Radieschen

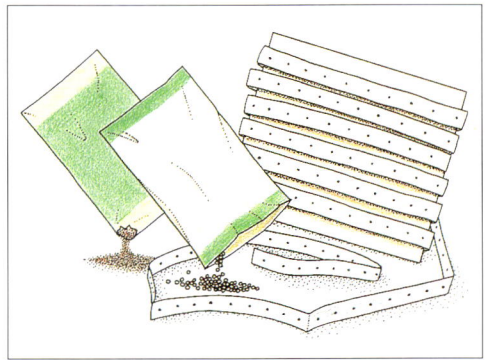

Saatgutformen
Links: normales Saatgut, Mitte: pillierter Samen, rechts: Saatband

oder Wurzeln (Möhren) nicht mehr zu vereinzeln braucht. Die Aussaat wird auch durch Saatgut erleichtert, das als Samenteppich zwischen Zelluloseschichten oder anderen wasserlöslichen Zubereitungen in bestimmten Abständen eingelegt wurde. Ähnlich verhält es sich mit Saatbändern, die einfach nur noch in den vorbereiteten Boden ausgelegt und angegossen werden müssen. Dabei ist der Abstand zwischen den einzelnen Pflanzen optimal.

Saatgutlagerung

Saatgut ist unterschiedlich lange lagerfähig. Dazu muß man wissen, daß der Embryo im Samen atmet. Dadurch werden eingelagerte Reservestoffe mehr oder weniger schnell abgebaut, und das bewirkt schließlich die Dauer der Keimfähigkeit des Samenkorns. Um die Lagerfähigkeit zu verbessern, wird der Wassergehalt des Samens durch langsames Trocknen verringert. Die Atmungsenzyme werden weniger stark aktiviert, der Abbau der Kohlenhydrate nimmt ab, die Lagerfähigkeit steigt.

Da die Atmungsaktivität auch durch die Temperatur bestimmt wird, sollten die Samen kühl, optimal bei gerade über 0° C, gelagert werden. Daher der oft zu hörende Hinweis »Kühl und trocken lagern«.

Saatgut einfrieren

Gut getrocknetes Saatgut vieler Pflanzen kann bei –20° C eingefroren und lange aufbewahrt werden. Vor der Aussaat ist dann langsam aufzutauen. Das gilt allerdings nicht für viele tropische Sämereien.

Keimruhe und Keimförderung

Häufig keimen die Samen nicht, selbst wenn die Keimbedingungen vermeintlich optimal sind. Verschiedene Ursachen bewirken eine Keimhemmung. Für bestimmte Pflanzenarten ist sie sogar überlebenswichtig. Folgende Ursachen können vorliegen:
● Die Samenschale ist sehr hart und wasserundurchlässig, so daß die Aktivität des Embryos nicht gesteigert werden kann.
● Die Embryoanlage ist noch nicht voll entwickelt, sie benötigt eine zusätzliche Zeit (Nachreife).
● Die keimhemmenden Stoffe im Sameninneren oder im Fruchtfleisch sind noch nicht abgebaut.

Es können auch gleichzeitig mehrere dieser Ursachen vorliegen.
Sollen Pflanzen durch Aussaat angezogen werden, ist es wichtig, daß die Keimhemmung ihrer Samen durchbrochen wird. Dafür gibt es zahlreiche Verfahren. Bei sehr hartschaligem Saatgut hat sich das Einrit-

Bei den Samen des Eukalyptus kann die Keimhemmung mit heißem Wasser beendet werden

zen vor der Aussaat sehr gut bewährt. Dazu werden die zu behandelnden Samen zusammen mit Glasscherben oder Eisenspänen in eine Trommel gegeben und, je nach Schalenbeschaffenheit, etwa 15 bis 45 Minuten gedreht. Manche Samen kann man auch einige Zeit mit Glaspapier bearbeiten. Auch das Übergießen mit **warmem** oder **kochendheißem** Wasser kann bei manchen Arten die Keimhemmung beenden (zum Beispiel bei Robinien- und Eukalyptusarten). Obgleich nicht unüblich, sollte ein Behandeln mit konzentrierter Schwefelsäure unterbleiben.

Ist die embryonale Entwicklung noch nicht abgeschlossen, müssen die Samen eine mehr oder weniger lange Zeit liegen. In feuchtem Sand setzt die Entwicklung besonders deutlich ein. Allerdings muß nach erfolgter Keimung sofort ausgesät werden, ein anschließendes Trocknen ist dann nicht mehr möglich.

Beizung

Saatgut wird gebeizt, um es vor Schadorganismen, in erster Linie vor Pilzinfektionen, zu schützen. Schadorganismen befinden sich häufig im Pflanzsubstrat, das nicht sterilisiert worden ist oder direkt an den Samen. Wenn Abpackbetriebe ihre Sämereien beizen, müssen die verwendeten Mittel auf den Samenpackungen angegeben werden. Selbstgezogenen oder ungebeizt erworbenen Samen kann man behandeln. Es dürfen nur jeweils zugelassene Mittel verwendet werden. Es handelt sich meist um pulverförmige Zubereitungen, die zusammen mit dem Saatgut in ein Gefäß gegeben und anschließend kräftig geschüttelt werden. Das überschüssige Beizmittel siebt man ab. Zugelassene Beizmittel bleiben nur in kleinen Mengen an den Samen haften. Dies reicht gewöhnlich für einen Schutz vor

Nicht zur Nachahmung empfohlen: Wer Samen selbst beizt, sollte selbstverständlich Schutzhandschuhe tragen!

Auflaufkrankheiten. Die Beizmittel sind bis zur Ernte abgebaut.

Dennoch ist nicht jeder Gartenfreund bereit, Beizmittel einzusetzen. In einem solchen Fall ist es ratsam – auch wenn erheblich aufwendiger –, gedämpftes Substrat (mit heißem Dampf sterilisiert) zu verwenden und sehr sauber zu arbeiten. Die Samen können vor der Aussaat in einer Desinfektionslösung gebadet werden (zum Beispiel Chinosol). Abgedeckte Anzuchtschalen sollten von Zeit zu Zeit gelüftet werden. Eine Hilfe kann auch inkrustiertes Saatgut (»Inkrusaat«) sein, bei dem die Samen mit Natur- und anderen Pflanzenschutzstoffen überzogen sind. Diese Schicht löst sich nach der Aussaat auf und bietet dem auflaufenden Keimling Schutz.

Sicherheitshinweis

Bei allen Arbeiten, bei denen man mit chemischen Substanzen in Berührung kommen kann, sind entsprechende Schutzmaßnahmen zu treffen. So müssen beim Beizen Schutzhandschuhe getragen werden, die Chemikalien dürfen nicht eingeatmet werden.

Stratifikation

Manche Samen keimen nur dann besonders sicher, wenn sie zuvor stratifiziert wurden. Stratifizieren bedeutet schichtförmig lagern. Während der Lagerzeit wird nachgeahmt, was in freier Natur mit den Samen passieren würde. Sehr viele heimische Gehölze werden vor der Aussaat stratifiziert. Zu diesem Zweck werden die Samen der betreffenden Arten mit erdfeuchtem Quarzsand gemischt, in entsprechend große Behälter oder Kästen gefüllt und kühl gelagert. Bei längerer Stratifikationsdauer kann man auch Torfmull verwenden, weil er die Feuchtigkeit besser hält. Das Substrat sollte keimfrei sein. Die Lagerung kann sowohl an einem schattigen Platz im Freien als auch im Kühlhaus unter kontrollierten Bedingungen erfolgen. Der günstigste Temperaturbereich liegt zwischen 0° und 5°C. In einem Haushaltskühlschrank ist Stratifikation also gewöhnlich nicht möglich. Die übliche Stratifika

tionszeit beträgt etwa 4 bis 16 Wochen, manchmal auch wesentlich länger. Am Schluß des Stratifikationsprozesses beginnen die Samen zu keimen. Sie müssen dann gleich ausgesät werden. Bei längerer Wartezeit können die Wurzeln oder Triebe brechen, oder der Wurzelhals wächst auffällig krumm.

Obgleich in der Natur normal, ist Frosteinwirkung auf die geschichteten Samen nicht von Vorteil, wenn auch nicht schädlich. Auch manche subtropischen Pflanzensamen keimen besser und sicherer, wenn sie zuvor stratifiziert wurden. Dazu zählen die der Oliven *(Olea)*, Jujuben *(Ziziphus)*, Kaki *(Diospyros kaki)* und anderer Ebenholzarten *(Diospyros* sp.*)*.

Zur Zeit nimmt der Anbau von Ginseng *(Panax quinquefolius, Panax ginseng)* in Deutschland, Österreich, der Schweiz und Frankreich auffällig zu. Neugierig geworden durch die riesigen Gewinnaussichten, die in Teilen der USA und Kanadas, insbesondere aber in Nordkorea bereits erzielt werden konnten, wollen manche Landwirte und Hobbygärtner auch hier mit der Kultur dieser eigentlich noch unbekannten teuren Heilpflanze ihr Glück versuchen. Die Ernte von Ginseng ist nur möglich durch die Verwendung stratifizierten Saatgutes. Wird Ginsengsaat nicht stratifiziert, dauert es bis zum Auflaufen der Samen bis zu drei Jahren, manchmal sogar noch länger, oder es gelingt gar nicht. Das Stratifizieren von Ginseng kann zwölf Monate dauern.

Wegen der langen Zeit besteht die Gefahr von Pilzinfektionen. Im Herbst des Folgejahres steht das verwendungsfähige Saatgut zur Verfügung. Es muß gleich ausgesät werden, andernfalls würden die Samen keimen und ineinander verwachsen und schließlich verderben. Aufhalten kann man den Prozeß über eine gewisse Zeit durch Kühllagerung.

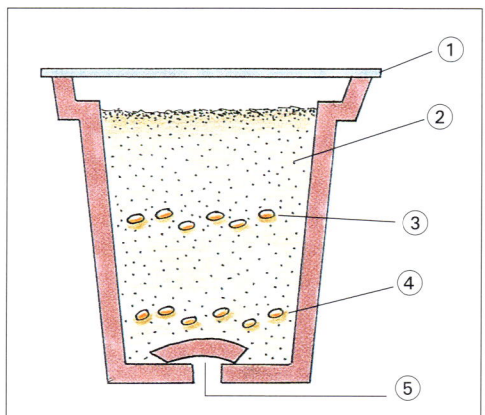

Stratifikation in einem Blumentopf:
① *Schutzabdeckung,* ② *Sandschichten,*
③ + ④ *Samen,* ⑤ *Abzugsloch mit Tonscherbe*

Aussaat

Aussaat ins Freiland

Erfolgt die Aussaat ins Freiland, soll der Boden zuvor vorbereitet worden sein. Besonders gut eignet sich humoser Boden mit natürlicher krümeliger Struktur, der nicht zu Staunässe neigt. Lehmige Böden sollten aufgelockert und gegebenenfalls so verbessert werden, daß Wasser abgeführt wird.

Man sollte möglichst in Reihen säen, weil die Pflege der auflaufenden Pflanzen dadurch deutlich erleichtert wird. Die Reihen werden parallel zueinander angelegt, der Abstand richtet sich nach der Art der Sämereien. Für die meisten Arten sind 25 cm optimaler Reihenabstand, Radieschen kommen mit gut 10 cm aus, bei Kohl sollten es 50 cm sein.

Auch die Tiefe der Saatrillen ist abhängig von den zu ziehenden Pflanzen, 3 cm sind ein Durchschnittswert. Man sollte die Samen nicht zu dicht auslegen, weil man nach dem Auflaufen ohnehin wieder ausdünnen muß.

Nach der Aussaat wird abgedeckt und mit der Rückseite des Rechens leicht angedrückt.

Besonders einfach gelingt die Aussaat mit pilliertem Saatgut. Hier können mühelos gleich die gewünschten Abstände eingehalten werden. Besonders wichtig ist hier das Durchfeuchten der Erde und der Samenhülle, andernfalls kann die Keimung behindert werden. Noch einfacher gelingt die Aussaat mit Saatbändern. Diese legt man einfach in die gezogene Rille aus. Bereits vor dem Bedecken wird das erste Mal gegossen, dann wird die Rille mit Erde gefüllt und leicht angedrückt, anschließend wird angegossen. Bei dieser Art der Aussaat stimmen die jeweiligen Abstände von Anfang an; ein Vereinzeln ist dann nicht mehr erforderlich.

Manche Samen werden gewöhnlich nicht in Reihen, sondern zu mehreren in Horsten ausgelegt. Das ist üblich bei verschiedenen Bohnenarten und gelegentlich auch bei Gurken. Bei dieser Art der Aussaat durchstoßen die Pflanzen gemeinsam die Erde – bei schweren und zu Verschlämmung neigenden Böden ein Vorteil. Lichtkeimer, wie beispielsweise verschiedene Koniferenarten, werden nach der Aussaat mit einer dünnen Schicht Quarzsand abgedeckt und angegossen. Wenn sie in Sand stratifiziert worden sind, können sie auch zusammen mit dem zugemischten Sand ausgesät werden.

Markiersaat

Bei Sämereien, die lange liegen, besonders bei niedrigen Temperaturen (zum Beispiel Zwiebeln und Möhren), sollten schnellkeimende Arten wie Radies oder grüner Salat dem Saatgut untergemischt werden (Markiersaat). So werden die Saatreihen schon frühzeitig markiert und die verschiedenen Pflegearbeiten erleichtert.

Reihensaat:
Möhren und Zwiebeln in Mischkultur

Aussaat ins Freiland:
① *Die Oberfläche des zuvor gut gelockerten Saatbeetes ebnen und mit dem Rechen fein zerkrümeln*

④ *Reihensaat: Hierbei werden die Samen meist schon im gewünschten Endabstand der Pflanzen ausgelegt. Rillen mit Rechen oder Stöckchen ziehen*

② *Mit dem umgedrehten Rechen das Saatbeet vorsichtig glätten*

⑤ *Breitwürfige Aussaat: Samen von Dunkelkeimern mit Erde abdecken*

③ *Breitwürfige Aussaat bei feinem Saatgut oder wenn flächiges Aufgehen erwünscht ist*

⑥ *Reihensaat: Dunkelkeimersamen mit Erde abdecken*

Bewässerung

Der Boden, in dem Saatgut ausgelegt wird und in dem Jungpflanzen heranwachsen, darf nicht austrocknen. Recht schnell können Keimlinge und Pflänzchen sonst absterben. Andererseits ist es auch sehr schädlich, wenn der Boden zu naß ist. Dann können die oft fleischigen Sämlinge leicht faulen oder durch Schwächung Pilzinfektionen zum Opfer fallen; austreibende Samen ersticken an Sauerstoffmangel oder verfaulen. Man muß also stets für einen ausgewogen feuchten Boden sorgen. Wird als Pflanzsubstrat eine gute Aussaaterde genommen, kann es eigentlich keine Probleme geben, denn dieses Substrat ist wasserabführend, ohne zu schnell auszutrocknen. Außerdem ist Aussaaterde strukturstabil und neigt nicht zum Verschlämmen.
Die Aussaaten dürfen nicht mit scharfem Strahl gegossen werden, sondern nur mit feiner Brause. Andernfalls können sie aus der Erde gespült und junge Pflänzchen geschädigt werden. Das gilt insbesondere für Lichtkeimer wie diverse Kräuter (Basilikum, Kamille, Thymian), die nicht oder nur sehr gering mit Erde abgedeckt werden. Hier muß der Boden äußerst behutsam befeuchtet werden.
Ein leichtes **Düngen** der jungen Pflänzchen ist nur dann erforderlich, wenn die Anzuchterde frei von Nährstoffen ist. Ansonsten genügen bis zum Pikieren die üblicherweise untergemischten Düngemittel oder bei selbst zubereiteten Erden der Kompostanteil.

Aussaat in Kisten und Gefäßen

Empfindlichere Sämereien werden im Frühjahr nicht gleich ins Freiland ausgesät, sondern in **Kisten**, die mit Glasplatten abgedeckt werden. Dadurch sind sie vor den Unbilden des Frühjahrswetters und möglichen Frösten geschützt. Das Saatgut kann geschützt auflaufen, die jungen Pflänzchen

müssen aber bei geeignetem Wetter allmählich abgehärtet werden. Hierzu nimmt man die Abdeckung in immer längeren Abständen ab.
Im Gegensatz zur Freilandaussaat wird in Kisten gewöhnlich nicht in Reihen, sondern **breitwürfig** gesät. Da ohnehin pikiert werden muß (siehe Seite 31), entsteht dadurch auch kein zusätzlicher Arbeitsaufwand, und die meist knappen Kistenflächen werden optimal ausgenutzt. Allerdings sollte das Pflanzsubstrat in den Kisten (durch Dämpfen) sterilisiert werden, weil eine effiziente Bodenbearbeitung wegen der breitwürfigen Aussaat dann kaum noch möglich ist.
Einige Samenarten werden in **Töpfe** ausgesät, weil das spätere Pikieren dadurch einfacher wird und die Wurzeln der Pflanzen nicht beschädigt werden. Zu diesen Pflanzen zählen in erster Linie Kürbisse, Melonen und Gurken, insbesondere die wertvollen F1-Hybriden. Auch der als Veredelungsunterlage für Gurken beliebte Feigenblattkürbis *(Cucurbita ficifolia),* wird in Töpfen angezogen. Nur so kann er problemlos veredelt werden. Auch andere Gemüsearten könnten in Töpfen vorgezogen werden; das würde das Pikieren erheblich erleichtern und das An- und Weiterwachsen fördern. Allerdings ist dafür eine erheblich größere Anzuchtfläche und ein größerer Arbeitsaufwand erforderlich, und deshalb zieht man nur ausgewählte Arten auf diese Weise.

①

③ a

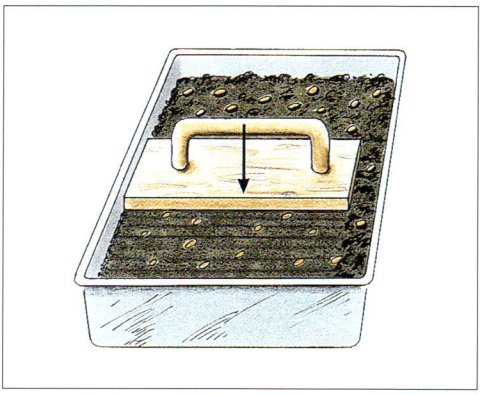

②

③ b

 *Aussaat in Kisten:*
① *Samen auf das zuvor geebnete, geglättete Substrat gleichmäßig ausstreuen*
② *Mit Holzbrettchen andrücken*
③ *Dunkelkeimer (a) werden mit Erde übersiebt, Lichtkeimer (b) bleiben offen liegen; in beiden Fällen gründlich anfeuchten*
④ *Wichtig ist ein Verdunstungsschutz, der nach Aufgang der Keimlinge zum Belüften immer stärker angehoben und schließlich ganz entfernt wird*

④

Pikieren und Vereinzeln

Bei Freilandaussaat wird **vereinzelt**, sobald die Pflänzchen 5–10 cm groß sind. Die schwächsten zieht man heraus, so daß zwischen den verbleibenden ein optimaler Abstand besteht.

Pflanzen, die im Kasten angezogen wurden, müssen vor dem Pikieren und dem Auspflanzen ins Freiland abgehärtet werden. Dazu nimmt man die Glasabdeckung von Tag zu Tag mehr und länger ab, bis die Pflanzen ohne Abdeckung stehen. **Pikiert** werden die kräftigsten Pflanzen, entweder direkt ins Freiland, oder erst einmal in Töpfe mit 9 oder 10 cm Durchmesser, damit sich die Pflanzen ohne Konkurrenzdruck optimal weiterentwickeln können. Nach den letzten zu erwartenden Frösten Ende Mai wird dann in humose, nährstoffreiche Erde ins Freiland gepflanzt.

Samen exotischer Pflanzen, die direkt in Töpfe gepflanzt wurden, sollte man darin so lange kultivieren, bis die Topfgröße nicht mehr ausreicht. Dann sollte in ein nur wenig größeres Gefäß umgetopft werden. Hierbei ist vor allem darauf zu achten, daß der Pflanzballen komplett bleibt. Ein Wurzelrückschnitt ist bei den jungen Pflanzen nicht erforderlich. Bei den meisten Arten ist vorgedüngte Einheitserde ein zu empfehlendes Substrat. Die günstigste Zeit zum Umtopfen ist das Frühjahr, kurz vor Beginn des neuen Austriebes.

Pikieren:
Der Zeitpunkt ist gekommen, wenn sich über den beiden Keimblättchen das erste Laubblattpaar gebildet hat.
① *Sämlinge zwischen Daumen und Zeigefinger nehmen, mit Pikierholz heraushebeln*
② *Mit Hilfe des Holzes einsetzen; die Wurzel muß genügend Platz haben und darf nicht geknickt werden*
③ *Substrat um den Sämling gut, aber behutsam andrücken*

①

②

③

31

Vegetative Vermehrung

Vegetative Vermehrung bedeutet – im Gegensatz zur generativen – ungeschlechtliche Vermehrung. Auch diese Art der Vermehrung ist von der Natur vorgegeben. So vermehren sich zahlreiche Pflanzen auch ungeschlechtlich. Ein typisches Beispiel dafür ist die Bildung von Schößlingen bei vielen Arten aus der Familie der Bananengewächse *(Musaceae)*. Auch bestimmte Agavenarten (zum Beispiel *Agave americana)* bilden oft eine Vielzahl von Schößlingen. Weiterhin bilden Bromelien *(Bromeliaceae)* Kindel und die Grünlilie *(Chlorophytum)* Ausläufer. Zwiebel- und Knollengewächse vermehren sich durch Sproßknollen und Tochterzwiebeln, alles Organe, aus denen neue Pflanzen heranwachsen, die identisch sind mit der Mutterpflanze. Die ungeschlechtliche Vermehrung aus Pflanzenteilen ist im Gartenbau die weitaus verbreitetste. Sie hat gegenüber der geschlechtlichen Vermehrung in mancher Hinsicht wesentliche Vorteile. Aus folgenden Gründen wird vegetativ vermehrt:
● Die so angezogenen Pflanzen sind identisch mit der Mutterpflanze. Die Eigenschaften und das äußere Erscheinungsbild der neuen Pflanzen sind im voraus bekannt. Bestimmte Selektionen werden merkmalerhaltend vermehrt.
● Zweihäusige Pflanzen können wunschgemäß nach Geschlecht vermehrt werden, zum Beispiel Kiwi *(Actinidia)*, Pistazie *(Pistacia)*, Sanddorn *(Hippophaë rhamnoides)*.
● Die Altersformen mancher Pflanzen kommen gewöhnlich erst nach vieljähriger Kultur zum Tragen. Bei ungeschlechtlicher Vermehrung können schon Jungpflanzen die betreffenden Merkmale zeigen, zum Beispiel Eucalyptus *(Eucalyptus)*.
● Abhängig vom gewählten Verfahren, lassen sich – verglichen mit der geschlechtlichen Vermehrung – durch ungeschlechtliche Vermehrung erheblich schneller große Pflanzen heranziehen. Besonders erwähnt sei hier die Markottage, das Abmoosen (siehe Seite 46):
● Im Gartenbau ist die vegetative Pflanzenanzucht durch Pflanzenteile meistens die wirtschaftlichere, weil damit schnell, kostengünstig und mit vorhersehbarem Ergebnis produziert werden kann.

Stecklinge

Stecklinge sind von einer Mutterpflanze abgetrennte Teile, die nach der Abtrennung zum Bewurzeln gebracht werden. Auf diese Weise entsteht eine neue selbständige Pflanze.

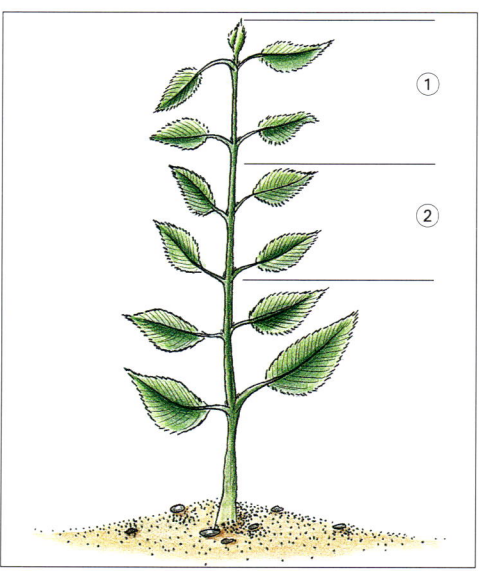

Stecklingsarten: ① *Kopfsteckling,* ② *Triebsteckling*

Gewöhnlich versteht man unter Stecklingen beblätterte Triebe oder Triebstücke. Dazu zählen jedoch auch Knospen, einzelne Blätter oder Teile davon. Allgemein werden laubabwerfende Pflanzen – dazu gehören viele heimische Gehölze – durch krautartige, also noch nicht verholzte Stecklinge vermehrt. Stecklinge von immergrünen Pflanzen bewurzeln sich oft besser, wenn die Stecklinge bereits ausgereift sind. Auch die Meristemvermehrung (siehe Seite 98) ist eine Art vegetativer Vermehrung, obgleich der Wuchscharakter auf diese Weise vermehrter Pflanzen oft dem einer Pflanze aus generativer Anzucht entsprechen kann.

Schneiden von Stecklingen

Grundsätzlich können von jeder Pflanze Teile abgetrennt werden, die zur Anzucht neuer Pflanzen verwendet werden sollen. Abgesehen davon, daß sich Stecklinge von einigen Pflanzen leicht bewurzeln, von anderen schwer oder gar nicht, ist besonders die Mutterpflanze entscheidend. Es hat sich herausgestellt, daß das Alter der Mutterpflanze bei verschiedenen Pflanzenarten von ausschlaggebender Bedeutung bei der Bewurzelung von Stecklingen ist. Bei vielen Arten sind **jüngere Mutterpflanzen** vorzuziehen. Im Gartenbau verwendet man sogar Stecklinge von austreibenden bewurzelten Stecklingen, um besonders gute Bewurzelungserfolge zu erzielen.

Wichtig ist der gute Zustand der **Mutterpflanze**. Sie soll optimal ernährt und wüchsig sein und immer wieder verjüngt, das heißt zurückgeschnitten werden. Die Bewurzelungsfähigkeit von Stecklingen älterer Mutterpflanzen nimmt oft deutlich ab. Stehen jedoch keine anderen Pflanzen zur Verfügung, kann man den Erfolg der Stecklingsbewurzelung durch gezielte Düngung der Mutterpflanze vor dem Stecklingsbeschnitt merklich erhöhen.

Geschnitten wird der Steckling unterhalb einer Blattknospe, einem Auge (oder Nodium), weil dort eine hohe Nährstoffkonzentration vorherrscht und dadurch die Adventivwurzelbildung (Wurzelbildung am Sproß) positiv beeinflußt wird.

Im Gegensatz zur landläufigen Meinung ist zum Schneiden kein besonders scharfes Messer erforderlich. Mit einer **Schere** geht der Stecklingsschnitt einfacher und auch wesentlich schneller vonstatten. Auch ist das Einkürzen von Blättern – wegen der Verdunstungsverringerung zwar häufig üblich – jedoch nicht unbedingt immer zu empfehlen. Denn durch den Rückschnitt werden auch in den Blättern gespeicherte Aufbaustoffe entfernt, die dem späteren Wachstum der Pflanze förderlich wären.

Zeit zum Stecken

Der optimale Termin ist von vielen Faktoren abhängig; darum können für die verschiedenen Arten keine festen Zeiten genannt werden. Grundsätzlich ist man bei leichtbewurzelnden Arten weniger an einen bestimmten Zeitraum gebunden, manche Arten können sogar nahezu ganzjährig gesteckt werden. Bei schwerbewurzelnden Arten muß man den optimalen Zeitpunkt möglichst genau treffen, um Erfolg zu haben.

Forschungen haben ergeben, daß der günstigste Stecktermin offensichtlich dann vorliegt, wenn die Stärkekonzentration und der Kohlehydratanteil im Steckling möglichst hoch sind. Doch diese Fakten sind nur schwer zu bestimmen und natürlich für den Hobbygärtner in der Praxis nicht nachvollziehbar.

Daher ist es am ratsamsten, frisch geschnittene Stecklinge ohne Zeitverzug gleich zu stecken.

③ *Den Steckling zunächst in das Bewurze-lungspuder eintauchen und danach ins Substrat stecken*

Stecklingsvermehrung:
① *Den Steckling von der Mutterpflanze abschneiden*

Günstige Tageszeiten

Stecklinge sollten am frühen Morgen oder nachmittags geschnitten werden. Morgens ist die Pflanze besonders gut mit Wasser versorgt (optimaler Tugor-druck), was sich positiv auf das An-wachsen auswirkt. Nachmittags ist die Kohlehydratkonzentration höher. Das wirkt eher positiv auf die Bewurze-lung. Kann gleich nach dem Schneiden gesteckt werden, empfiehlt sich der Nachmittag.

Vom richtigen Stecken/Erdkultur

Gewöhnlich wird mindestens ein Auge bzw. Augenpaar gesteckt. Hin und wieder wird dazu geraten, zusätzlich die Rinde zu verletzen. Dadurch wird angeblich eine bessere und beschleunigte Bewurzelung erzielt.

Es dürfen auch mehrere Augen gesteckt werden, besonders dann, wenn die Abstän-de zwischen ihnen (Internodien) ausge-sprochen kurz sind. Die Schnittstelle kann mit feiner Holzkohle gepudert werden, ein Material, das desinfizierend und fäulnis-hemmend wirkt.

② *Die unteren Laubblätter entfernen*

Mindestens ein Auge sollte aus der Erde herausschauen.

Gesteckt wird in ein Anzuchtsubstrat. Dieses Substrat besteht aus Sand und/oder Torf; üblich ist ein Gemisch aus beiden Substanzen im Verhältnis 1:1. Das Substrat sollte ungedüngt sein und keine Nährstoffe enthalten (siehe Seite 17). Zu empfehlen ist die Zugabe von Stoffen wie zum Beispiel Perlite oder Vermiculit, wodurch die Wasserspeicherungsfähigkeit erhöht wird. Es ist wichtig, nach dem Stecken die Erde leicht anzudrücken. So haben die Stecklinge Bodenschluß.

Stecklinge benötigen zum Bewurzeln Bodenwärme und ausreichende Luftfeuchtigkeit. Daher ist es ratsam, sie häufig zu übersprühen oder mit einer durchsichtigen Haube aus Kunststoff oder Glas abzudecken. Darunter kann sich dann eine hohe Luftfeuchtigkeit bilden. Besonders nichtheimische Arten sollte man daher in einem Kasten oder Gewächshaus anziehen. Auch kleine Zimmergewächshäuser eignen sich dafür gut, vorzugsweise solche mit regelbarer Bodenheizung.

Stecklingsanzucht im Wasserglas

Die Stecklinge mancher Pflanzen bewurzeln sich sehr leicht und tun dies sogar problemlos in Wasser. Zu diesem Zweck werden von den betreffenden Pflanzen 15–25 cm lange Stecklinge geschnitten. Die Blätter im unteren Bereich werden entfernt, und die Stecklinge werden in ein mit klarem, nährstofffreiem Wasser gefülltes Glas gestellt. Nach einiger Zeit bilden sich Wurzeln, anschließend kann man die jungen Pflänzchen topfen und abhärten oder auspflanzen.

Die zarten glasigen Wurzeln sind besonders empfindlich. Daher darf mit dem Auspflanzen nicht allzulange gewartet werden, weil die dann bereits längeren Wurzeln leicht abbrechen könnten.

Stecklingsbewurzelung im Wasserglas

Pflanzen, die sich besonders gut durch Stecklinge im Wasser vermehren lassen: Scheinquitte *(Choenomeles)*, Buntblatt, Indianernessel *(Coleus)*, Zypergras *(Cyperus alternifolius)*, Dieffenbachie *(Dieffenbachia)*, Efeutute *(Epipremnum pinnatum* 'Aureum'), Forsythie *(Forsythia)*, Efeu *(Hedera)*, Fleißiges Lieschen *(Impatiens)*, Liguster *(Ligustrum)*, Oleander *(Nerium Oleander)*, Usambaraveilchen *(Saintpaulia)*, Weide *(Salix* sp.), Zimmerlinde *(Sparmannia)*, Dreimasterblume *(Tradescantia)*.

So bewurzelt sich ein Steckling

Die Pflanzen besitzen im Wachstumsbereich ihrer Triebe gewöhnlich Wurzelanlagen. Nach dem Stecken bildet sich an der Schnitt- beziehungsweise Verletzungsstelle aus dem austretenden Zellsaft heraus ein mehr oder weniger stark ausgebildeter fetthaltiger Wundverschluß. Aus dem **Kambium**, der Wachstumszone des Triebes, bildet sich Wundgewebe, **Kallus** genannt. In geeignetem Substrat und bei günstigen Bedingungen wachsen durch den Kallus hindurch oder aus ihm heraus neue Wurzeln, sogenannte **Adventivwurzeln**. Die Dicke der Kallusbildung ist sowohl artspezifisch als auch abhängig von verschiedenen äußeren Faktoren. Gewöhnlich ist es nicht von Vorteil, wenn sich eine besonders dicke Kallusschicht bildet. Dadurch kann die Wurzelbildung erheblich behindert werden, weil die Wurzelsprosse zumeist unterhalb der Kallusschicht gebildet werden. Doch ist der Steckling in der Lage, sich durch den Kallus hindurch mit Wasser und Nährstoffen zu versorgen, sein Überleben ist also gewährleistet. Frisch gesteckte Stecklinge, die vorerst einen fetthaltigen Wundabschluß gebildet haben, sind an der Wasseraufnahme stark gehindert. Die Kallusbildung bedeutet den ersten erfolgreichen Schritt zur Bewurzelung und schließlich zum Anwachsen.

Manche Stecklinge schießen nach einiger Zeit deutlich in die Höhe und bilden neue Blätter, jedoch keine Wurzeln. Ursache kann eine Überversorgung des Steckmaterials mit Stickstoff sein; zum Beispiel bei der Vermehrung von Zitronen *(Citrus limon)*, wenn die Mutterpflanze vor dem Stecklingsschnitt übermäßig gedüngt wurde.

Vermehrung durch Steckholz:
① *Man gewinnt etwa 20 cm lange Steckhölzer im Winter von der Mutterpflanze*

Adventivwurzeln

Wenn Stecklinge stark wachsen, ohne daß sich Wurzeln bilden, kann eine mechanische Verletzung des Kallusgewebes die Bildung von Adventivwurzeln anregen.

Steckhölzer

Eine besondere Art von Stecklingen ist das Steckholz. Hierunter versteht man verholzte, meist einjährige Triebe in unbelaubtem Zustand. Diese werden gewöhnlich im Spätherbst, vor den ersten starken Frösten, von sommergrünen Laubgehölzen geschnitten und im Frühjahr gesteckt. In der

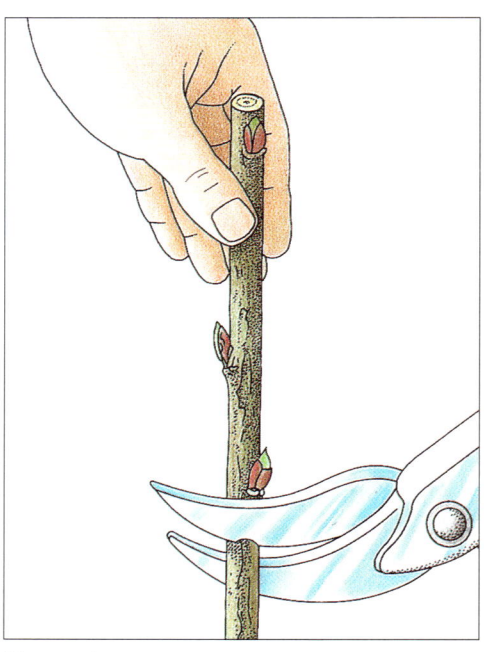

② *Aus ihnen werden relativ nahe an einer Knospe Einzelstücke geschnitten*

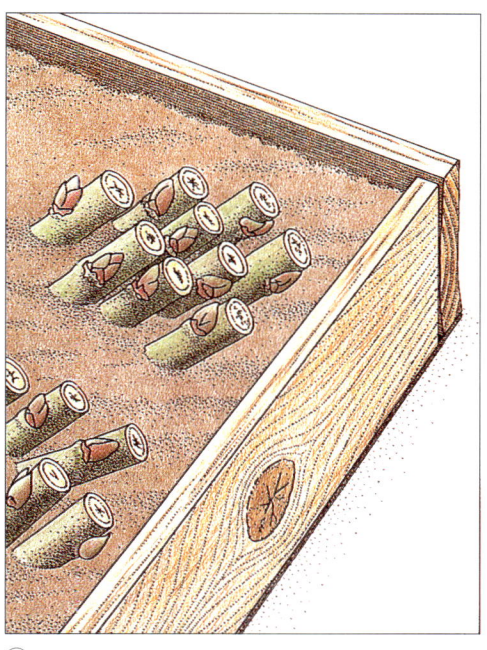

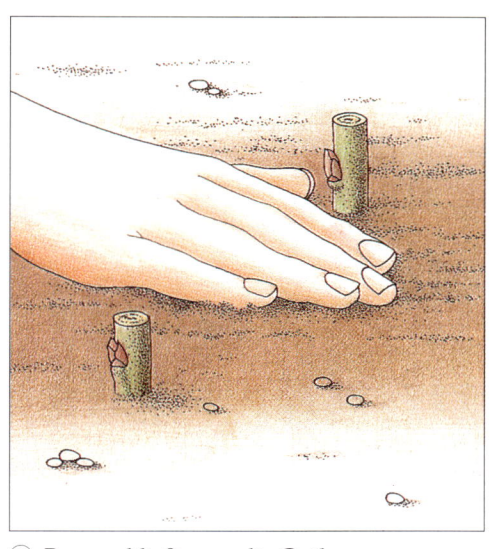

③ Während des Winters schlägt man die vorbereiteten Hölzer so ein, daß die oberste Knospe noch sichtbar ist

⑤ Dann schließt man die Gräben

④ Im Frühjahr werden sie mit etwa 10–15 cm Abstand in Gräben gestellt. Die oberste Knospe muß über dem Bodenniveau liegen

⑥ Wenn die Hölzer bewurzelt sind, nimmt man sie heraus und pflanzt sie an ihren Standort

Zwischenzeit werden sie kühl (zum Beispiel in einem Kühlhaus) und bei hoher Luftfeuchtigkeit gelagert. Wenn keine Kühlungseinrichtung zur Verfügung steht, kann man Steckhölzer auch an einer schattigen Stelle im Garten eingraben. Zur Lagerung geeignet sind auch ein kühler Schuppen oder eine Garage. Die Hölzer sollten in feuchtem Sand und in Plastikfolie aufbewahrt werden. Von einer Lagerung im Keller ist wegen zu hoher Temperaturen (5–10° C) im allgemeinen abzuraten. Wird bei Frost geschnitten, dürfen die Hölzer keinesfalls in einen beheizten Raum gebracht werden. Es ist oft ratsam, vorbeugende Schutzmaßnahmen gegen Schädlings- und Pilzbefall sowie gegen Wühlmausfraß zu treffen.

Die Steckhölzer werden auf mindestens zwei, üblicherweise aber fünf bis sechs Augen zurechtgeschnitten; sie haben dann eine Länge von etwa 15–25 cm. Am besten geeignet ist das Holz aus der Mitte der Rute, weil in dem Bereich die Knospen besonders gut ausgebildet sind. Für den Zuschnitt reicht eine Gartenschere vollkommen aus. Üblich ist auch die Bündelung von Steckholzruten, die anschließend mit der Bandsäge auf die gewünschte Länge gekürzt werden. Allerdings sollte bei schlechter bewurzelnden Arten der Schnitt direkt unterhalb einer Knospe erfolgen. Die dort in größerer Menge vorhandenen Reservestoffe begünstigen die Bewurzelung. Zurechtgeschnittenes Steckholz sollte an der oberen Schnittstelle mit einem Baumwachs gegen Verdunstung und Schädlingsinfektion geschützt werden.

Außerdem ist so auch nach längerer Zeit die Polarität des Holzes leicht zu erkennen. Es ist unbedingt erforderlich, den basalen (unteren) Teil des Steckholzes zu stecken.

Die Vermehrung aus Steckholz hat viele Vorteile, auch wenn dieselben Pflanzen ebenso aus Stecklingen vermehrt werden könnten. So kann man im Winter schneiden, einer Zeit, in der im Garten gewöhnlich weniger zu tun ist. Außerdem ist das Steckholz wesentlich unempfindlicher, und schließlich ist die Anzucht bei vielen Arten im Freiland ohne großen Aufwand und ohne besondere Einrichtungen möglich.

Pflanzen, die durch Steckhölzer vermehrt werden können

Bastardindigo (*Amorpha fruticosa*), Scheinrebe (*Ampelopsis*), Schönfrucht (*Callicarpa*), Scheinquitte (*Choenomeles*), Klematis, Waldrebe (*Clematis*), Kornelkirsche (*Cornus*), Perückenstrauch (*Cotinus*), Zwergmispel (*Cotoneaster*), Quitte (*Cydonia oblonga*), Deutzie (*Deutzia*), Ölweide (*Elaegnus*), Echte Feige (*Ficus carica*), Forsythie (*Forsythia*), Sanddorn (*Hippophaë rhamnoides*), Lagerstroemie, Kreppmyrte (*Lagerstroemia indica*), Geißblatt (*Lonicera*), Apfelunterlagen (*Malus*), Maulbeere (*Morus*), Wilder Wein (*Parthenocissus*), Sommerjasmin, Pfeifenstrauch (*Philadelphus*), Platane (*Platanus*), Knöterich (*Polygonum*), Pappeln (*Populus* sp.), Fingerkraut (*Potentilla*), Pflaumenunterlagen (*Prunus*), Johannisbeeren, Stachelbeeren (*Ribes* sp.), Rosen (*Rosa multiflora, Rosa nitida, Rosa rugosa*), Weide (*Salix*), Holunderbeeren, Fliederbeeren (*Sambucus* sp), Spierstrauch (*Spiraea*), Schneebeere (*Symphoricarpos*), Flieder (*Syringa*), Tamariske (*Tamarix*), Ulme (*Ulmus*), Kulturheidelbeere (*Vaccinium corymbosum*), Gemeiner Schneeball (*Viburnum opulus*), Weinrebe (*Vitis*), Weigelie (*Weigela*)

Der übliche Stecktermin liegt Ende März, einer Zeit, in der keine starken Fröste mehr zu erwarten sind. Das Stecken in geschützt aufgestellten Töpfen kann dagegen wesentlich früher erfolgen.

In sehr großem Umfang werden Obstveredelungsunterlagen durch Steckholz vermehrt, ferner viele Ziergehölze, ebenso manche Gehölze aus wärmeren Regionen. Bei diesen sollte man zur Förderung des Bewurzelungserfolges jedoch in temperiertes Substrat (14–18°C) stecken.

Blattstecklinge

Manche Pflanzen lassen sich aus ihren Blättern vermehren. Besonders angebracht ist dieses Verfahren dann, wenn nur wenig Vermehrungsmaterial zur Verfügung steht. Diese einfache Vermehrungsart wird zum Beispiel angewendet bei Kamelien (Camelia sp.), insbesondere aber bei der Teepflanze (Camellia sinensis). Hierbei wird ein gerade ausgereiftes Blatt – also kein altes aus dem unteren Bereich der Pflanze und auch kein junges, noch glasiges – mit einer Knospe abgetrennt und gesteckt. Sollte sich viel Kallus bilden, ohne daß Adventivwurzeln erscheinen, empfiehlt sich eine mechanische Verletzung des Kalluswulstes. So wird häufig die Wurzelbildung ausgelöst.

Auch das Usambaraveilchen (Saintpaulia) ist leicht durch Blattstecklinge zu vermehren. Von der Mutterpflanze wird ein einzelnes Blatt abgetrennt und der Blattstiel auf 1–2 cm eingekürzt. Das Blatt wird auf das feuchte Substrat gelegt, der Blattstiel mit Erde ein wenig abgedeckt. Bei leichter Temperierung des Bodens (22–24°C) und bei hoher Luftfeuchtigkeit setzt die Bewurzelung nach zwei bis drei Monaten ein. An den Blattstielen bilden sich dann Pflänzchen, die bald pikiert werden sollten.

Blattstecklinge bei der Kamelie:
① *Die möglichen Schnittstellen für Blattstecklinge sind rot markiert*

② *Nach dem Stecken sorgt die Klarsichtfolie für gespannte Luft*

③ *Ausgetriebener, bewurzelter Steckling*

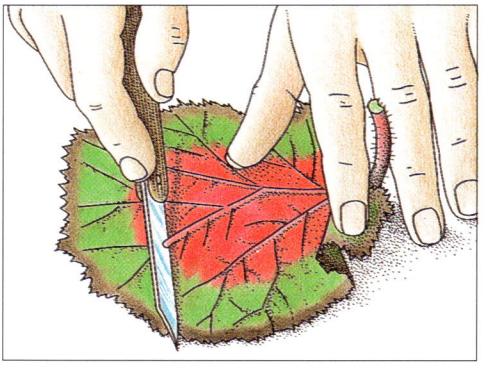

■ *Blattstecklinge von Begonien:*
① *An der Blattunterseite schneidet man die dicken Blattadern ein*

■ *Blattstecklinge von Usambaraveilchen:*
① *Die gesteckten Blätter in der Saatschale*

② *An den Blattstielen bilden sich neue Pflänzchen*

③ *Die Pflänzchen werden pikiert*

Ebenso einfach lassen sich manche Begonienarten vermehren. Von der Königsbegonie *(Begonia-Rex-*Hybriden) wird ein ausgereiftes Blatt abgeschnitten und die Nervatur auf der Unterseite mittels eines scharfen Messers verletzt. Dieses Blatt wird dann auf feuchtes Anzuchtsubstrat gelegt und leicht angedrückt oder mit kleinen Gewichten beschwert, so daß stets Bodenkontakt gewährleistet ist. Im beheizten (Zimmer-)Gewächshaus oder einem anderen geeigneten Anzuchtgefäß wird das Blatt bei etwa 24°C nach einigen Wochen an verschiedenen Stellen Wurzeln bilden. Jetzt ist die richtige Zeit, das Blatt zu zerschneiden und die einzelnen Pflanzen separat zu topfen.
Begonia masoniana läßt sich gut aus einigen Zentimeter großen Blattstückchen vermehren. Die Blattadern müssen angeschnitten beziehungsweise verletzt werden. Diese Blattschnittlinge steckt man senkrecht in Anzuchtsubstrat, drückt sie an und kultiviert genauso wie die Königsbegonien bei hoher Luftfeuchtigkeit weiter. Nach dem Anwachsen und Austreiben wird pikiert und langsam abgehärtet.
Hybriden der Drehfrucht *(Streptocarpus)* werden aus Blatthälften vermehrt, denen man zuvor die Mittelrippe herausschneidet.

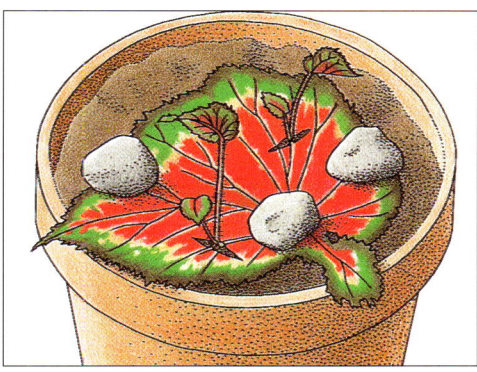

② *Das Blatt legt man mit der Unterseite nach unten auf ein Sand-Torf-Gemisch und beschwert es mit Steinchen. Nach einer Weile, wenn die Jungpflanzen Wurzeln gebildet haben, vereinzelt man sie*

Pflanzen, die durch Blattstecklinge vermehrt werden können

Begonien *(Begonia-Rex-*Hybriden, *Begonia masoniana, Begonia boweri)*, Teestrauch *(Camellia sinensis)*, Kamelien *(Camellia* sp.), Christusdorn *(Euphorbia milii)*, Opuntia, Feigenkaktus *(Opuntia)*, Osterkaktus *(Rhipsalidopsis)*, Usambaraveilchen *(Saintpaulia)*, Bogenhanf, grüne Sorten *(Sansevieria)*, Moosfarn *(Selaginella)*, Drehfrucht *(Streptocarpus)*

Bogenhanf-Blattstecklinge mit Neuaustrieb

Die dabei entstehenden Blatthälften werden mit der angeschnittenen Längsseite in das Anzuchtsubstrat gedrückt.

Um Bogenhanf *(Sansevieria)* zu vermehren, schneidet man die langen Blätter in etwa 5 cm lange Stückchen und steckt diese anschließend in Anzuchtsubstrat. Die Bewurzelung gelingt unter den zuvor genannten Bedingungen problemlos. Wichtig ist, daß der untere (basale) Teil des Blattstückes gesteckt wird.

Und schließlich lassen sich viele Glieder- und Phyllokakteen einfach durch Blattstecklinge vermehren. So können einzelne, von der Mutterpflanze abgebrochene Blattsegmente in Anzuchterde gesteckt werden.

Abrisse

Die Vermehrung von Pflanzen durch Abrisse ist eine einfache und wirtschaftliche Methode der Anzucht sortenechter Gehölze. Diese auch »Anhäufelmethode« genannte Vermehrung wird in erster Linie von Baumschulen durchgeführt; sie kann jedoch auch von jedem Pflanzenliebhaber angewendet werden.

Die Mutterpflanze wird im Herbst kräftig zurückgeschnitten, wodurch die Ausbildung von Basisknospen gefördert wird. Die sich im nächsten Jahr bildenden Triebe werden bis Juni mehrfach mit Erde angehäufelt, so daß schließlich eine Erdschicht von 20–30 cm aufliegt. Die Basis der sich bildenden Triebe bleibt dadurch weich und wird angeregt, Adventivwurzeln zu bilden. Nach vollständigem Ausreifen der Triebe im Spätherbst – sämtliche Blätter müssen bis dahin abgefallen sein – wird abgehäufelt. Die dann freiliegenden, bewurzelten Triebe werden unmittelbar an der Basis

① + ② *Die Jungtriebe der kräftig zurückgeschnittenen Mutterpflanze werden bis Juni mit Erde angehäufelt*

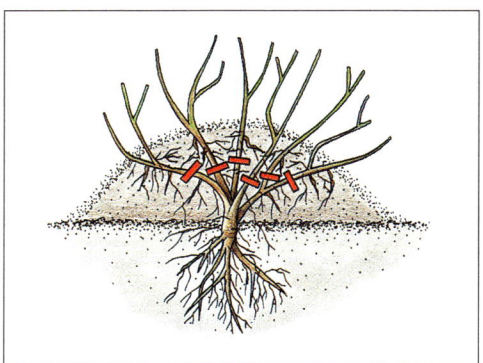

③ *Nach dem Blattfall im Spätherbst wird abgehäufelt. Die bewurzelten Triebe schneidet man unmittelbar an der Basis ab*

abgeschnitten und sofort oder im nächsten Frühjahr aufgeschult. Die Mutterpflanze deckt man mit humusreicher Erde wieder ab. Auf diese Weise werden in erster Linie Apfel-, Quitten- und Kirschveredelungsunterlagen (F 12 / 1) angezogen, ebenso die Goldjohannisbeere *(Ribes aureum)*, Stachelbeeren *(Ribes uva-crispa)* und Hortensien *(Hydrangea)*.

Ausläufer

Eine besonders einfache Methode, an neue, mit der Mutterpflanze identische Pflanzen zu gelangen, ist die Gewinnung von Ausläufern. Verschiedene, zumeist ältere Gehölze neigen dazu, Ausläufer zu bilden. Diese werden nach vollständiger Ausreife im späten Herbst von der Mutterpflanze abgenommen. Üblich ist bei vielen Arten das Abstechen mit einem scharfen Spaten. Manchmal ist es auch ratsam, die Wurzeln freizulegen und die Ausläufer anschließend mit einer Schere abzutrennen.
Zur Bildung von Ausläufern neigen viele Obstbaumarten und Ziergehölze, zum Beispiel Pflaume *(Prunus domestica)*, Kirschpflaume *(Prunus cerasifera)*, Schlehe *(Prunus spinosa)*, Quitte *(Cydonia oblonga)*,

④ *Das Einpflanzen der bewurzelten Triebe erfolgt entweder sofort oder erst im nächsten Frühjahr*

Ausläufer an einem Obstbaum mit den günstigsten Schnittstellen

Scheinquitte *(Choenomeles* sp.), Apfelbaum *(Malus)*, Sanddorn *(Hippophaë rhamnoides)*, Apfelbeere *(Aronia* sp.), Essigbaum *(Rhus* sp.)* und andere.

Sollen Obstbäume durch Ausläufer sortenecht vermehrt werden, müssen die Bäume auf eigener Wurzel stehen und dürfen nicht veredelt sein. Andernfalls handelt es sich bei den Ausläufern um Triebe der Unterlage, nicht um die der Sorte. Ausläufer oder **Stolonen** bilden auch die Erdbeere *(Fragaria)* und die Grünlilie *(Chlorophytum comosum)* sowie der Schwertfarn *(Nephrolepis exaltata)*.

Teilung

Die Teilung von Gehölzen zu Vermehrungszwecken ist heute eigentlich kaum noch üblich, weil die Ausbeute nur gering ist. Allerdings können auf diese Weise besonders schnell kräftige Pflanzen herangezogen werden.

Geeignet für diese Methode sind insbesondere die Berberitze *(Berberis buxifolia)*, Kornelkirsche *(Cornus canadensis)* und – auch heute noch angewandt – der Buchsbaum *(Buxus sempervirens)*. Wichtig bei dieser Art der Vermehrung ist die Möglichkeit der Pflanze, aus ihrem Wurzelstock Neutriebe ausbilden zu können.

Üblich ist diese Methode vor allem bei der Vermehrung von Stauden sowie von

Die meisten Stauden lassen sich durch Teilung vermehren. Hierzu zertrennt man den Wurzelballen in zwei oder mehr Stücke, die jeweils einige Blätter oder Triebknospen aufweisen müssen

Orchideen und Knollen- und Zwiebelpflanzen (siehe Seite 88).

Auch Pflanzen tropischer und subtropischer Herkunft *(Strelitzia, Acca)* und Gräser können durch Teilung vermehrt werden.

Zimmerpflanzen teilen

Viele Zimmerpflanzen lassen sich ebenfalls durch Teilung vermehren. Bei Pflanzen, deren Wurzelstock besonders stark wächst, ist Teilung die Methode der Wahl, um das Pflanzenwachstum in Grenzen zu halten, zum Beispiel bei der Schusterpalme *(Aspidistra elatior)*. Ebenso lassen sich viele Farne durch Teilung vermehren.

Absenken und Ablegen

Das Absenken und Ablegen ist der bereits beschriebenen Abrißmethode (Seite 41) sehr ähnlich. Durch Absenken und Ablegen können recht sicher Pflanzen vermehrt werden; auch solche, die sich sonst nur schwer bewurzeln. Bei beiden Verfahren sollten im Umkreis von mindestens 1 m keine weiteren Pflanzen stehen, weil dieser Platz zur Vermehrung benötigt wird. Beim **Absenken** wird ein Trieb der Mutterpflanze veranlaßt, selbst Wurzeln zu bilden. Folgendermaßen geht man vor: Die Mutterpflanze wird im Frühjahr vor dem Austrieb kräftig, das heißt, bis auf den Boden zurückgeschnitten. Im Laufe des Jahres bildet die Pflanze neue Triebe. Diese werden dann im zeitigen Frühjahr des folgenden Jahres rund um die Pflanze in einem Bogen gesenkt und dort – am besten mittels eines Hakens – befestigt. Den oberen Teil des Triebes richtet man auf. Sind die Ruten sehr kräftig oder spröde oder handelt es sich um eine Pflanzenart, die sich nur schwer bewurzelt, sollte man den Trieb an der Stelle drehen, an der er am stärksten gebogen und im Boden festgehakt wird. Dadurch entstehen in der Rinde in Längsrichtung Risse, die ein Brechen der Ruten unterbinden und zudem die Wurzelbildung an dieser Stelle anregen. Bei den meisten Arten ist es aber auch nicht schädlich, wenn die abgesenkten Triebe leicht anbrechen. Abbrechen dürfen sie jedoch nicht, weil sie dann während der langen Zeit der Bewurzelung – das kann bis zu drei Jahren dauern – nicht von der Mutterpflanze versorgt werden können und absterben. Obwohl das Absenken ein recht umständliches und langwieriges Verfahren ist, wird es bei manchen Pflanzen noch immer an-

Vermehrung durch Absenken:
① Ein Trieb wird heruntergebogen. Die Mitte wird entblättert

② In ein etwa 6 cm tiefes Loch legt man den Trieb ein, hält ihn mit einem Haken fest und deckt ab

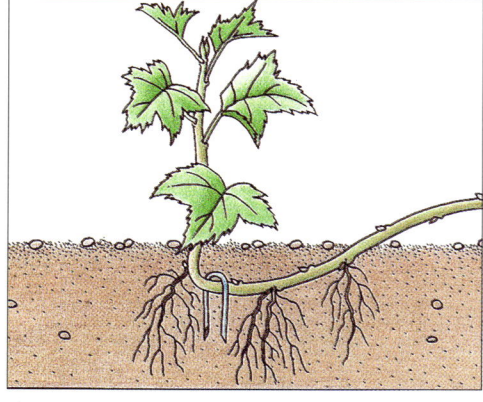

③ Nach erfolgter Bewurzelung wird er abgetrennt und verpflanzt

gewendet. Besonders gut bewurzeln sich
Brombeeren *(Rubus fructicosus)* unter Anwendung dieses Verfahrens, aber auch der
Gemeine Schneeball *(Viburnum opulus).*
Rhododendronarten und -sorten *(Rhododendron* sp.) benötigen gewöhnlich
zwei Jahre zum Bewurzeln, Magnolien
(Magnolia) und die Zaubernuß *(Hamamelis)*
sogar drei Jahre.

Mit einer Variante dieses Verfahrens werden Gehölze wie Viburnumarten *(Viburnum* sp.), der Perückenstrauch *(Cotinus cog-
gygria)* und Flieder *(Syringa vulgaris)* vermehrt. Dabei werden nicht die verholzten
Jahrestriebe abgesenkt, sondern die dies-
jährigen, wenn sie eine Länge von etwa
30 cm erreicht haben. Sie sind noch weich
und lassen sich ohne Probleme biegen. Die
Triebspitzen müssen aus der Erde herausschauen, eventuell muß man später ein
zweites Mal feuchte, humose Erde an-
häufeln.

Durch **Drahtung** kann die Bewurzelung
bei dieser Vermehrungsart sowie beim Absenken und bei der Pflanzengewinnung
durch Abrisse erzwungen werden. Dazu
wickelt man einen kräftigen, aber weichen
Draht (zum Beispiel Kupferdraht) um die
Basis der Triebe. Mit deren Wachstum und
damit durch die Zunahme der Triebdicke
kommt es allmählich zu einer Abschnü-
rung im Leitungsbahnensystem. Dadurch
entsteht an dieser Stelle ein Assimilate-
und Nährstoffstau, was schließlich die
Wurzelbildung auslöst.

Durch **Ablegen** können von einer Mutterpflanze erheblich mehr Klone erzeugt werden als durch das zuvor beschriebene Verfahren. Die Vorbereitungen hierzu entsprechen denen beim Absenken. Nachdem die
Mutterpflanze im Winter bis zum Boden
zurückgeschnitten wurde, treibt sie kräftig
aus und bildet lange Ruten. Diese werden
im übernächsten Frühjahr waagerecht auf
den Boden gelegt und befestigt. Hierzu eig-

*Vermehrung durch Ableger: Bewurzelte
Jungpflanzen werden von der Mutterpflanze
abgetrennt*

nen sich besonders gut kräftige Haken. An
diesen abgelegten Ruten bilden sich aus den
Knospen (**Nodien**) eine größere Anzahl
junger Triebe. Diese werden dann im Laufe
des Jahres – abhängig von ihrem Längen-
zuwachs – mit feuchter, humoser Erde angehäufelt, wobei die Triebspitze aus der
Erde herausschauen sollte. Das kann drei-
oder viermal nötig werden; die Erdschicht
hat dann eine Höhe von 20–30 cm
erreicht.

Man nimmt die Ableger im Spätherbst
oder Winter ab, wenn sie vollständig ausgereift sind. Die ganzen Ruten werden
dann ausgegraben und die einzelnen Ableger anschließend abgeschnitten. Die Mutterpflanze hat in der zurückliegenden Vege-
tationsperiode erneut Triebe ausgebildet,
die jetzt wieder abgelegt werden können.
Die abgetrennten Ableger werden gleich
aufgeschult (ausgepflanzt) oder in Töpfe
gepflanzt. Es ist aber auch üblich, sie im
Kühlhaus bis zum Pflanztermin im Frühjahr zu lagern oder sie locker einzugraben.
Mit dieser Methode können Haselnußarten
und -sorten *(Corylus* sp.) sehr einfach vermehrt werden.

45

Abmoosen

Dem Absenken sehr ähnlich ist das Abmoosen, auch **Markottieren** genannt. Sehr
treffend ist der für dieses Verfahren im eng-
lischen Sprachraum übliche Ausdruck
»air layering«, was übersetzt »Luftablegen«
bedeutet. Das sagt eigentlich schon alles
über dieses Verfahren aus: Überirdisch, in
der Luft, wird eine Pflanze veranlaßt,
bewurzelte Ableger zu bilden.

Das Abmoosen ist nicht neu, es wird nach-
weislich schon seit weit über tausend Jahren angewendet. Bis heute ist es trotz des
erforderlichen Aufwandes und der geringen Ausbeute nicht in Vergessenheit geraten. In südlichen Ländern wird die Markottage zur Anzucht von solchen Gehölzen
angewendet, die sich sonst nur schlecht
bewurzeln oder von denen man schnell
große, kräftige Exemplare benötigt. Auch
ist es so möglich, zu groß gewordene (Zim-
mer-)Pflanzen zu verkleinern, beispielsweise die Zimmeraralie *(Fatsia japonica)*. In
Israel und Südafrika wird die Litschipflaume *(Litchi chinensis)* auf diese Weise vermehrt. Es kann durchaus vorkommen, daß
frisch bewurzelte Pflanzen bereits im Jahre
ihrer Aufschulung blühen und Früchte
tragen.

Zum Abmoosen wählt man einen kräftigen
Zweig aus, der auch mehrjährig sein darf.
Diesen versieht man von unten nach oben
mit einem schrägen Einschnitt bis knapp
zur Mitte des Triebes. Die Einschnittstelle
wird mit einem kleinen Steinchen oder
einem anderen Gegenstand auseinanderge-
drückt. Anschließend wird unterhalb der
Schnittstelle eine Manschette aus Kunst-

Abmoosen:
① *Ein kräftiger Zweig wird bis knapp zur
Mitte schräg eingeschnitten. In die
Schnittstelle klemmt man ein Steinchen*

② *Die Schnittstelle mit Kunststoffolie umhül-
len und unten festbinden, dann feuchtes
Sphagnummoos oder Torf als Subtrat einfüllen,
schließlich oben zubinden*

stoffolie festgebunden. Dabei entsteht eine Tasche, die man am besten mit feuchtem Sphagnummoos – gegebenenfalls auch Torf oder Erde – auffüllt. Dann wird die Manschette auch oberhalb der Schnittstelle zugebunden. Das Substrat darf nicht austrocknen, es muß also zwischenzeitlich gegebenenfalls befeuchtet werden. Dazu wird die Manschette am oberen Ende geöffnet, wenn nicht von Anfang an eine kleine Gießöffnung eingearbeitet ist.

Die Bewurzelung setzt in der Wachstumszeit bei manchen Arten schon nach einigen Wochen ein, andere können dafür auch ein Jahr oder länger benötigen. Das Abmoosen sollte im Frühjahr durchgeführt werden. Dann hat die Pflanze bis zum Herbst lange Zeit, Wurzeln zu bilden. Erfolgt die Kultur ganzjährig in einem geheizten Raum, zum Beispiel in einem Wintergarten, kann nahezu jederzeit markottiert werden.

Nach erfolgter Bewurzelung wird die neue Pflanze unterhalb der Bewurzelungszone abgeschnitten. Ist man unsicher, ob die erwünschte Bewurzelung auch stattgefunden hat, sollte man sich vor dem Abtrennen überzeugen. Da die Triebe bei markottierten Pflanzen bereits recht dick sind, sollte die Schnittstelle an der Mutterpflanze, auch schon aus optischen Gründen, mit künstlicher Rinde oder Baumwachs verstrichen werden. Nach dem Entfernen der Manschette wird die neue Pflanze in ein genügend großes Gefäß gepflanzt. Es ist ratsam, die »Jungpflanze« anfänglich sehr behutsam und ihrer Art entsprechend zu kultivieren, weil das Umpflanzen für sie einen nicht unerheblichen Schock bedeutet. Anstatt einer Manschette kann zum Befestigen des Substrates um die Einschnittstelle auch ein aufgeschnittener Kunststoffblumentopf verwendet werden. Dann kann die von der Mutterpflanze abgetrennte Pflanze unter Umständen eine gewisse Zeit in dem Topf verbleiben.

③ *An der Einschnittstelle bilden sich je nach Art früher oder später Wurzeln. Durch Abschneiden unterhalb der Bewurzelungszone erhält man die neue Pflanze*

Pflanzen, die durch Abmoosen vermehrt werden können

Begonienarten *(Begonia* sp.), Zitrusarten *(Citrus* sp.), Efeuaralie *(Fatshedera lizei)*, Zimmeraralie *(Fatsia japonica)*, Echte Feige *(Ficus carica)*, Feigenarten *(Ficus* sp.), Litschi *(Litchi chinensis)*, Magnolie *(Magnolia)*, Fensterblatt *(Monstera deliciosa)*, Olive *(Olea europaea)*, Baumfreund *(Philodendron)*, Rhododendron, Alpenrose *(Rhododendron)*, Schefflera *(Schefflera)*

Wurzelschnittlinge

Manche Pflanzen lassen sich vegetativ durch Wurzelschnittlinge (Wurzelstücke) vermehren. Die dazu vorgesehenen Pflanzen werden nach ihrer Ausreife im Spätherbst oder Winter ausgegraben. Anschließend trennt man einige mindestens bleistiftstarke Wurzeln ab. Die Mutterpflanzen werden, sofern es das Wetter zuläßt, wieder ausgepflanzt oder bis zum Frühjahr eingeschlagen und kühl gelagert. Von sehr großen Pflanzen legt man nur einige Wurzeln frei und schneidet sie anschließend ab. Die so gewonnenen Wurzeln werden gereinigt und in 4–8 cm lange Stücke geschnitten.

Es ist wichtig, auf die Polarität zu achten, denn auch Wurzelschnittlinge regenerieren am oberen Ende Sprossen, am unteren Adventivwurzeln. Durch unterschiedliche Schnittführungen (zum Beispiel Schrägschnitt am unteren Ende) kann man auch später noch sicher sein, welcher Wurzelteil beim Pflanzen nach oben und welcher nach unten wachsen muß. Die zurechtgeschnittenen Wurzelstücke werden in eine Kiste mit feuchtem Torf oder Sand-Torf-Gemisch gelegt, damit abgedeckt und bis zum gewünschten Pflanztermin kühl gelagert. Man steckt die Wurzeln in einen Kasten mit Glasabdeckung oder in Töpfe. Gut geeignet ist ein feuchtes Anzuchtsubstrat aus einer Mischung aus Torf und Sand. Kräftige Wurzelschnittlinge werden senkrecht oder auch schräg gesteckt. Es kann von Vorteil sein, den oberen Teil der Wurzelstecklinge nicht mit Erde zu bedecken. So wird der Schnittling angeregt, eine Triebknospe und im unteren Bereich Adventivwurzeln zu bilden. Schlankere Wurzelschnittlinge können auch waagerecht

ausgelegt und gut 1 cm mit Erde abgedeckt werden. Das Substrat darf während der ganzen Zeit nicht austrocknen.

Manche Arten neigen dazu, schnell eine Triebknospe und einen Austrieb zu bilden; die zum Anwachsen notwendigen Adventivwurzeln werden jedoch manchmal nicht in ausreichender Anzahl gebildet. In diesem Fall empfiehlt es sich, den Austrieb anzuhäufeln. Das kann dazu führen, daß der Neuaustrieb früher Wurzeln bildet als der Wurzelschnittling selbst.

Die auf diese Weise gewonnenen Pflanzen werden im Laufe des Frühjahrs langsam abgehärtet und dann ins Freiland oder an die sonst vorgesehene Stelle gepflanzt.

Pflanzen, die durch Wurzelschnittlinge vermehrt werden können

Aralie *(Aralia)*, Meerrettich *(Armoracia rusticana)*, Scheinquitte *(Choenomeles)*, Kugeldistel *(Echinops)*, Sibirischer Ginseng *(Eleutherococcus* sp., syn. *Acanthopanax)*, Spindelstrauch *(Euonymus)*, Mädesüß *(Filipendula)*, Storchschnabel *(Geranium)*

Lebendgebärende Pflanzen

Es ist durchaus nicht unüblich, daß sich Pflanzen selbst ungeschlechtlich fortpflanzen und somit ausschließlich die Eigenschaften der Mutterpflanze weitergeben. Ein typisches Beispiel hierfür sind die sogenannten **Brutpflanzen**, an deren Blättern, Stielen oder anderen Pflanzenteilen kleine selbständige bewurzelte Pflänzchen heranwachsen. Wenn sie die erforderliche Reife und Größe erreicht haben, lösen sie sich von der Mutterpflanze und fallen ab.

Henne und Küken (Tolmiea menziesii)

Kalanchoë daigremontiana

Treffen sie dabei auf einen geeigneten Boden, dringen die Wurzeln in ihn ein, und die Pflanzen können weiterwachsen.
Mit diesen besonders interessanten Pflanzen hat sich Johann Wolfgang von Goethe lange Zeit beschäftigt. Er war fasziniert von dieser ungewöhnlichen Art der Pflanzenvermehrung und beschrieb unter anderem die Art *Kalanchoë daigremontiana.* Ihre fleischigen Blätter sind deutlich eingekerbt, und in den Kerben befinden sich – zuerst nicht zu erkennen – Brutknospen. Aus ihnen entsteht jeweils ein kleines neues Pflänzchen mit Wurzeln. So kann ein einziges Blatt eine Vielzahl neuer Pflanzen produzieren. Sobald sie deutlich erkennbare Wurzeln haben, können die kleinen Brutpflänzchen sehr einfach von Hand abgenommen und in Anzuchtsubstrat

pikiert werden. Weil Goethe sich so sehr mit dieser *Kalanchoë* beschäftigte, wird sie auch »Goethebaum« genannt.
Es gibt verschiedene andere Pflanzen, die „lebendgebären". Nachfolgend einige Beispiele:

Lebendgebärende Pflanzen

Luft- oder Etagenzwiebel *(Allium cepa* var. *viviparum)*, Farnarten (zum Beispiel *Asplenium bulbiferum)*, *Kalanchoë crenata*, Goethebaum *(Kalanchoë daigremontiana)*, *Kalanchoë laxiflora*, *Kalanchoë pinnata* (syn. *Bryophyllum calycinum)*, *Kalanchoë prolifera*, *Kalanchoë tubiflora*, Henne und Küken *(Tolmiea menziesii)*

49

Veredelung

Warum werden Pflanzen überhaupt veredelt, wenn es doch so viele andere, einfacher auszuführende Methoden gibt, sie vegetativ zu vermehren?

Nicht immer kommt die Vermehrung aus Stecklingen oder Steckholz, durch Abmoosen oder Ablegen in Frage. So muß eine Pflanze in der Lage sein, sich selbst zu bewurzeln, wenn sie aus Steckholz oder Stecklingen vermehrt werden soll. Das gleiche gilt für das Abmoosen und Ablegen. Doch selbst dann, wenn die Bewurzelung gelingt, wird oftmals das Veredeln einem anderen Verfahren vorgezogen, weil nur so der erwünschte Effekt zu erzielen ist.

Das Veredeln ist eine Form der vegetativen Vermehrung, in der Fachsprache »xenovegetative (fremd-ungeschlechtliche) Vermehrung« genannt. Bei diesem Verfahren wird aus zwei Individuen eines, wobei das aufveredelte gewöhnlich dominiert. Dennoch sind (von Ausnahmen abgesehen) beide Veredelungspartner zum Fortbestehen der neuen Pflanze notwendig.

Eine Wechselwirkung zwischen dem Wurzelstock, der **Veredelungsunterlage,** und dem aufgesetzten **Veredelungsreis** setzt ein. Während der Wurzelstock für die Versorgung der Pflanze mit Wasser und Nährstoffen verantwortlich ist, liefert das angewachsene Edelreis die zum Leben notwendigen Assimilate. Beide Teile der neugeschaffenen Pflanze beeinflussen sich somit gegenseitig. Der Einfluß der Unterlage auf den Wuchs der Pflanze ist meistens dominierend – oft ein Hauptgrund, Pflanzen zu veredeln. Der „innere Wert" der aufveredelten Sorte bleibt indes erhalten.

Ein typisches Beispiel ist ein veredelter Apfelbaum. Die Unterlage bestimmt die Wuchskraft, das Einsetzen der Fruchtbarkeit und die Akzeptanz bestimmter Böden. Die aufveredelte Sorte bleibt erhalten. So wird aus einem 'Cox-Orange'-Apfel kein 'Gravensteiner' oder irgendein anderer, er bleibt ein 'Cox Orange'. Dennoch kann die Unterlage einen gewissen Einfluß beispielsweise auf die Fruchtgröße und Ausfärbung ausüben. Das gilt entsprechend auch für andere Obstarten.

Aus folgenden Gründen wird veredelt:

- Um nicht oder sehr schlecht wurzelnde Gehölze zu vermehren; Beispiel: Vermehrung chlorophylloser, zum Beispiel gelber und roter Kakteen.
- Um generativ nicht vermehrbare Hybriden zu vermehren; Beispiel: Vermehrung des Birne-Quitte-Gattungsbastardes *Pyronia (Pyrus* sp. x *Cydonia oblonga).*
- Um besondere, plötzlich auftretende Knospenmutationen, sogenannte Sports (»Spielarten«), weiterzuvermehren; Beispiel: Vermehrung der rotschaligen Apfelsorte 'Roter Berlepsch', hervorgegangen aus 'Freiherr von Berlepsch'.
- Um Pflanzen schneller anzuziehen oder den Erntetermin zu verfrühen; Beispiel: bestimmte Pflaumen- und Pfirsichsorten.
- Um Pflanzen für bestimmte Böden verträglich zu machen; Beispiel: *Citrus* auf Sauerorange *(Poncirus trifoliata),* wodurch die Pflanzen besonders gut in leicht saurem Boden gedeihen.
- Um Gehölze zu besonderer Wuchsform zu veranlassen; Beispiel: schwachwüchsige Obstbäume für den Erwerbsanbau (dadurch ist weniger kostenaufwendige und maschinelle Beerntung möglich), Hängeformen wie Trauerrosen und Trauerweiden.

- Um mit wenig Ausgangsmaterial möglichst viele gleiche Gehölze anzuziehen; Beispiel: neue Sorten okulieren.
- Um das Erbgut abgängiger Bäume zu erhalten; Beispiel: Vergreiste oder zum Teil abgestorbene Gehölze auf junge Unterlagen.
- Um mehrere Obstsorten an einem Baum kultivieren zu können; Beispiel: Mehrere Apfelsorten an einem Baum (sie sorgen für gegenseitige erfolgreiche Befruchtung).
- Um starkwüchsige Pflanzen auch im Kübel kultivieren zu können; Beispiel: Birnen auf schwachwüchsigen Quittenunterlagen.
- Um vor Krankheiten und Bodenschädlingen zu schützen; Beispiel: Maracujapflanzen *(Passiflora edulis)* auf resistenten Unterlagen.

Veredelungsunterlagen

Pflanzen lassen sich nicht beliebig miteinander veredeln. Voraussetzung ist eine ausreichende verwandtschaftliche Beziehung. Gute Ergebnisse sind gewöhnlich zu erwarten, wenn Sorten gleicher Arten miteinander veredelt werden. Aber auch Kombinationen von Pflanzen, die unterschiedlichen Gattungen angehören, können innig und dauerhaft miteinander verwachsen.

Veredelungsreiser

Zum Veredeln sind bei vielen Pflanzen einjährige Reiser am besten geeignet. Sie sollten zudem gerade und unverzweigt gewachsen sein und keine Blüten-, sondern Blattknospen aufweisen. Es ist günstig, Reiser mit kurzen Internodien (Abstände zwischen den einzelnen Knospen) zu verwenden. Falsch hingegen ist die häufig zu

hörende Behauptung, sogenannte **Wasserschosse** von Obstbäumen seien ungeeignet. Es muß nur gewährleistet sein, daß sie oberhalb der Veredelungsstelle des zu vermehrenden Baumes gewachsen sind. An alten Exemplaren ist das nicht immer eindeutig zu erkennen. Außerdem müssen sie kräftig (etwa bleistiftstark) und gesund sein.

Veredelungshöhe

Je höher die Veredelung erfolgt, desto größer ist der Einfluß der Unterlage auf die neue Pflanze. So prägt sich zum Beispiel die Schwachwüchsigkeit bestimmter Unterlagen bei höher vorgenommener Veredelung stärker auf die neue Pflanze aus als bei niedriger angebrachter Veredelung.

Auch Wasserschosse von Obstbäumen eignen sich als Veredelungsreiser

Die wichtigsten Veredelungsunterlagen für Obstgehölze

Unterlagen	Wüchsigkeit	Bemerkungen
Für Apfel *(Malus domestica)*:		
M 11	sehr stark	
MM 109	sehr stark	
MM 111	stark	
M 4	stark	sehr gute Affinität
M 7	mittelstark	
MM 106	mittelschwach	
M 26	mittelschwach	sehr gutes Dickenwachstum
J 9	schwach	Standhilfe
Pajam	schwach	Standhilfe
M 9	schwach	Standhilfe
M 27	sehr schwach	für Kübelobstgehölze
Für Birne *(Pyrus communis)*:		
Birnensämling	sehr stark	
OHF 333	stark	feuerbrandresistent
Quitte A	schwach	z. T. Zwischenveredelung erford.
Quitte C	schwach	z. T. Zwischenveredelung erford.
Für Quitte *(Cydonia oblonga)*:		
Sorbus aucuparia	stark	
Quitte A	schwach	übliche Unterlage
Quitte C	schwach	
Für Mispel *(Mespilus germanica)*:		
Sorbus aria	stark	
Crataegus monogyna	mittelschwach	
Quitte A (auch für Japanische Mispel)	mittel	auch Kübelkultur
Quitte C (auch für Japanische Mispel)	mittel	auch Kübelkultur
Für Pflaume, Mirabelle … *(Prunus domestica)*:		
Myrobalane	sehr stark	
INRA GF 8/1	sehr stark	
Brompton	stark	
INRA 2	stark	
Myruni	mittelstark	
St. Julien d'Orleans	mittelschwach	
INRA 655/2	mittelschwach	

Für Pfirsich, Nektarine *(Prunus persica)*:

Pfirsichsämling	stark	
Mandel-/Pfirsich-Hybriden	stark	
Brompton	stark	
Schlehe	mittelschwach	gut geeignet für Kübelkultur
St. Julien d'Orleans	mittelschwach	
Pixi	schwach	nicht mit allen Sorten

Für Aprikose, Mandel *(Prunus armeniaca, Prunus dulcis)*:

Mandelsämling	sehr stark	für trockene Böden
Myrobalane	sehr stark	
Aprikosensämling	stark	krankheitsanfällig
Brompton	stark	
INRA 2	stark	
Myruni	mittelstark	
INRA 655/2	mittelschwach	
St. Julien d'Orleans	mittelschwach	
Pixi	schwach	nicht mit allen Sorten

Für Süßkirsche *(Prunus avium)*:

Prunus avium	sehr stark	
F 12/1	stark	
Colt	mittelschwach	
Maxma Delbard 14	mittelschwach	
Weiroot	schwach	
Gisela	schwach	

Für Sauerkirsche *(Prunus cerasus)*:

Prunus avium	stark	
F 12/1	stark	
Prunus mahaleb	mittelschwach	
Maxma Delbard 14	mittelschwach	
Colt	mittelschwach	
Gisela	schwach	

Für Walnuß *(Juglans regia)*:

Juglans regia	sehr stark	
Juglans nigra	mittelstark	

Für Johannis-, Stachelbeeren *(Ribes sp.)*:

Ribes aureum		für Stämmchen
Ribes divaricatum		für Stämmchen

53

Ausgewählte Veredelungsunterlagen für Ziergehölze

Gehölz (Edelreis)	Unterlage
Abies, Tanne	*Abies alba, Abies nordmanniana*
Aesculus, Roßkastanie	*Aesculus hippocastanum*
Betula, Birke	*Betula verrucosa, Betula papyrifera*
Cedrus, Zeder	*Cedrus deodora*
Choenomeles, Zier-, Scheinquitte	*Cydonia oblonga*
Chamaecyparis, Zypresse	*Chamaecyparis lawsoniana*
Citrus, Zitrusarten und -sorten	*Poncirus trifoliata, Citrus aurantium*
Clematis-Hybriden	*Clematis vitalba*
Cotoneaster, Zwergmispel	*Sorbus aucuparia, Crataegus monogyna*
Fagus, Buche	*Fagus sylvatica*
Ginkgo biloba	*Ginkgo biloba*
Hamamelis, Zaubernuß	*Hamamelis virginiana*
Juniperus, Wacholder	*Juniperus communis, Juniperus virginiana*
Laburnum, Goldregen	*Laburnum anagyroides*
Larix, Lärche	*Larix decidua, Larix kaempferi*
Liriodendron, Tulpenbaum	*Liriodendron tulipifera*
Magnolia, Magnolie	*Magnolia kobus*
Magnolia grandiflora, Immergrüne Magnolie	*Magnolia grandiflora*
Olea, Olive	*Olea europaea*
Parthenocissus, Wilder Wein	*Parthenocissus quinquefolia*
Picea, Fichte	*Picea abies*
Pinus, 2nadelig (Pinie, Kiefer, Föhre)	*Pinus sylvestris*
Pinus, 3- und 5nadelig	*Pinus strobus*
Rhododendron, immergrün	*Rhododendron ponticum*
Rhododendron, sommergrün	*Rhododendron luteum*
Robinia, Robinie	*Robinia pseudoacacia*
Salix caprea, Weide	*Salix daphnoides*
Syringa, Flieder	*Syringa vulgaris, Ligustrum* sp.
Taxus, Eibe	*Taxus baccata*
Thuja, Lebensbaum	*Thuja occidentalis*
Tilia, Linde	*Tilia platyphyllos*
Tsuga, Hemlocktanne	*Tsuga canadensis*
Ulmus, Ulme	*Ulmus carpinifolia*
Viburnum, Schneeball	*Viburnum lantana*

Veredelungsunterlagen für subtropische Obstgehölze

Botanischer/deutscher Name	Geeignet für (Edelsorte)
Acca sellowiana, Brasilianische Guave	Sorten der Art
Actinidia chinensis, Kiwi	Sorten der Art
Annona cherimola, Cherimoya	Arten der Gattung, Sorten
Citrus aurantium, Pomeranze	Zitrusarten und -sorten
Diospyros lotus, Dattelpflaume	Kakisorten
Ficus carica, Echte Feige	Sorten der Art
Passiflora sp., Passionsblume	*Passiflora edulis*
Persea americana, Avocado	Sorten der Art
Pistacia vera, Echte Pistazie	Sorten der Art
Vitis vinivera, Echter Wein	Sorten der Art
Ziziphus jujuba, Jujube, Brustbeere	großfruchtige Sorten

Veredelungsarten

Zum Veredeln werden einige Werkzeuge und Verbrauchsmaterialien benötigt, deren Anschaffung lohnt, wenn häufiger veredelt werden soll. Wichtigstes Utensil ist ein scharfes **Veredelungsmesser** (Kopulier- oder Okuliermesser) und ein **Abziehstein**. Sehr dienlich ist auch eine **Gartenschere**. Außerdem werden **Verbandmaterial** wie Bast, PE-Band, Kreppband oder Gummiveredelungsband beziehungsweise Okulationsschnellverschlüsse benötigt sowie ein Mittel zum Verstreichen der Veredelungsstelle, zum Beispiel **Baumwachs** oder künstliche Rinde auf Kunststoffbasis.

Augenveredelung (Okulation)

Die beste Zeit zum Okulieren ist die Zeit des Saftstromes, etwa von Mai bis September. Wird frühzeitig veredelt, erfolgt der Austrieb noch im selben Jahr (Okulieren auf das treibende Auge). Wird erst ab Juli okuliert, wächst das eingesetzte Auge zwar auch noch an, treibt jedoch erst im nächsten Jahr aus (Okulieren auf das schlafende Auge). Die zweite Methode ist insbesondere im Obstbau üblich, weil dabei kaum winterliche Frostschäden auftreten.
Beim Okulieren wird aus nur einem einzigen Auge (Knospe) eines Edelreises ein neuer Baum angezogen. Folgendermaßen geht man vor:
In die Veredelungsunterlage schneidet man mit dem Okuliermesser 10–20 cm über dem Erdboden einen T-Schnitt, anschlie-

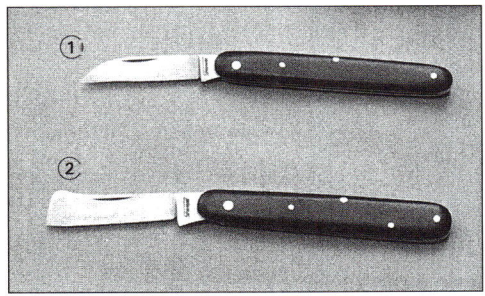

① *Kopuliermesser*
② *Okuliermesser*

ßend löst man mit dem Rindenlöser des
Messers beide Rindenteile. Es entsteht eine
kleine Tasche. Vom Edelreis wird nun
parallel zum Reis von unten nach oben ein
Auge abgeschnitten und in die Tasche an
der Unterlage geschoben. Der überstehende
Teil wird bündig mit dem waagerechten
T-Balken des Schnittes an der Unterlage
abgetrennt. Anschließend wird verbunden
und mit Baumwachs sorgfältig verstrichen.
Das Auge muß frei bleiben.

Viel einfacher ist die Verwendung von
Okulationsschnellverschlüssen. Diese werden einfach wie Pflaster sanft auf das eingesetzte Auge gedrückt und mittels der
anhängenden Metallklammern befestigt.
Dieses Verfahren benötigt deutlich weniger Zeit; ein großer Vorteil liegt auch
darin, daß man sich das Verstreichen mit
Baumwachs erspart.

Starkwüchsige Unterlagen können das eingesetzte Auge allerdings erdrücken oder
aus der Rindentasche, in die es eingescho-
ben worden ist, herausquetschen. Durch
starke Kallusbildung (Wundgewebe) an der
Wunde der Unterlage kann das Auge auch
überwuchert werden. In diesen Fällen ist
ein erfolgreiches Anwachsen dann kaum
möglich. Daher sollte man starkwüchsige
Unterlagen nicht zu früh okulieren.

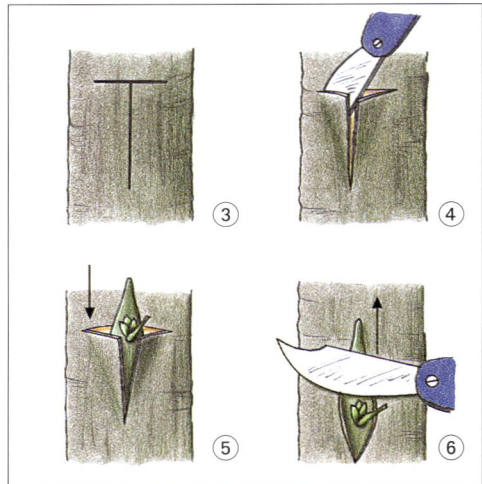

Okulation:

① *Entblättern des Edelreises*
② *Ausschneiden des Edelauges*
③ *T-Schnitt in die Rinde der Unterlage*
④ *Aufklappen der Rindenflügel*
⑤ *Einschieben des Edelauges*
⑥ *Abschneiden des überstehenden Teils*
⑦ *Fertig eingesetztes Auge*
⑧ + ⑨ *Verbundenes Auge:*
⑧ *Bast*
⑨ *Okulationsschnellverschluß*

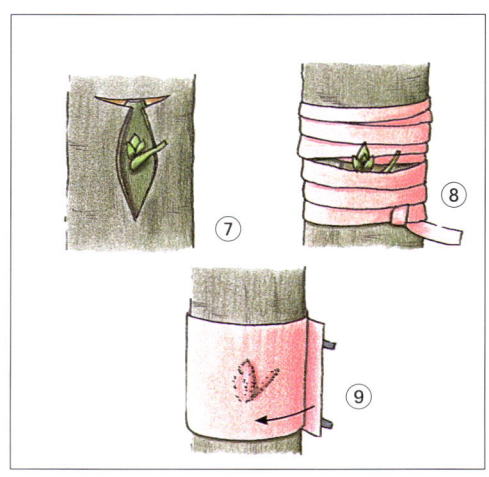

Außerdem ist bei derartigen Problemen zum Verbinden der Veredelung PE-Band anstelle des Okulationsverschlusses vorteilhaft. Denn bei einigermaßen strammem Festbinden mit diesem Material kann die Gefahr des Herausschiebens und der Überwallung des eingesetzten Auges deutlich gemindert werden. Beim Okulieren von Kaki *(Diospyros* sp.) zum Beispiel sollte zur

Sicherheit stets auf dieses Verfahren zurückgegriffen werden, obwohl es etwas zeitaufwendiger ist. Auch beim frühen Okulieren auf Aprikosenunterlagen *(Prunus armeniaca)* ist dieses Verfahren am sichersten.

Chipveredelung: ① *Aus der Unterlage ausgeschnittener Chip;* ② *Herausschneiden des Chips am Edelreis;* ③ *Einfügen des Edel-Chips in die freigeschnittene Unterlage;* ④ *Edelchip in der Unterlage;*

⑤ *Befestigung mit Gummiveredelungsband;* ⑥ *Verstreichen mit Baumwachs: Das eingesetzte Auge frei lassen!* ⑦ *Die Unterlage wird auf Zapfen zurückgeschnitten, der Neuaustrieb am Zapfen festgebunden*

57

Chipveredelung (Chippen)

Dieses Verfahren ist dem Okulieren sehr ähnlich mit dem Unterschied, daß es das ganze Jahr über ausgeführt werden kann, weil ein Rindenlösen nicht erforderlich ist. In 10–20 cm Höhe schneidet man aus der Unterlage einen etwa 1,5–2,5 cm langen, keilförmigen Span heraus. Aus dem Edelreis wird ein ebenso großes Auge geschnitten und in den Ausschnitt der Unterlage hineingedrückt. Keine der Schnittstellen darf mit den Fingern berührt werden. Anschließend wird verbunden und mit Baumwachs verstrichen. Man kann auch überlappend mit PE-Band verbinden, das Verstreichen ist in diesem Fall entbehrlich. Auch Okulationsschnellverschlüsse können zum Verbinden verwendet werden.

Hat der Neuaustrieb eine Länge von etwa 10 cm erreicht, wird das PE-Veredelungsband mit einem scharfen Messer auf der Rückseite der Veredelung vorsichtig aufgetrennt. Sonst könnte es einwachsen und somit zum Bruch führen. Hat man Gummiveredelungsband verwendet, kann das Aufschneiden gewöhnlich unterbleiben, weil sich dieses Material mit der Zeit unter Lichteinfluß zersetzt und aufspringt.

Die im vorigen Abschnitt genannten Risiken gelten ebenso beim Chippen, besonders dann, wenn Okulationsschnellverschlüsse verwendet werden.

Reiserveredelung (Kopulation)

Wer noch nie veredelt hat und diese Technik erlernen möchte, sollte mit dem folgenden Verfahren beginnen. Wegen der dabei entstehenden großen Überlappungsflächen ist die Chance des Anwachsens recht groß. Dieses Verfahren wird gewöhnlich zur Saftruhe, also im Winter angewendet. Häufig werden unsere Kernobstarten nach diesem Verfahren vermehrt.

Die etwa bleistiftstarke Veredelungsunterlage wird »in der Hand« (Winterhandver-

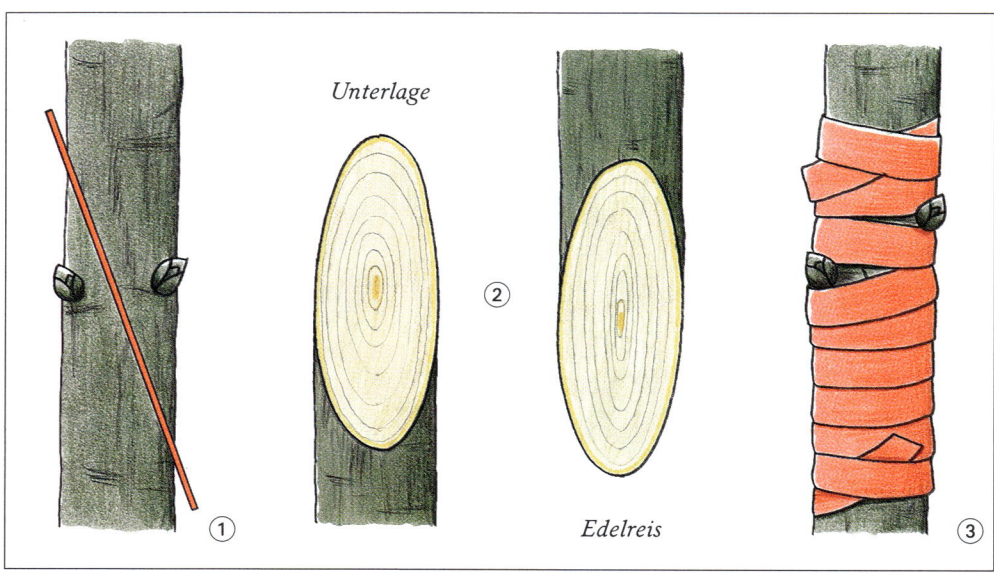

Unterlage

②

①

Edelreis

③

Kopulation: ① *Beim Kopulationsschnitt möglichst schräg schneiden;* ② *Ansicht der Schnittflächen von Unterlage und Edelreis;* ③ *Unterlage und Edelreis werden zusammengebunden und anschließend mit Baumwachs verstrichen*

edelung) 10–20 cm über dem Wurzelhals
mit einem Kopuliermesser schräg abgeschnitten. Dieser Kopulationsschnitt sollte
3–6 cm lang sein und sich gegenüber einer
Knospe befinden. Entsprechend schneidet
man das gleichstarke Edelreis an. Danach
wird es mit einer Gartenschere auf drei bis
fünf Augen gekürzt und deckend auf die
Schnittfläche der Unterlage gelegt. Wie
bei allen anderen Veredelungsverfahren
dürfen bei diesem Verfahren keinesfalls die
Schnittstellen berührt werden.
Sollte das Edelreis wenig schmaler als die
Unterlage sein, darf man beide Veredе-
lungspartner nicht mittig übereinander
legen. Es muß mindestens eine Seite bündig
anliegen (Kambium über Kambium), sonst
können die Teile nicht miteinander verwachsen. Anschließend braucht nur noch
verbunden und mit Baumwachs verstrichen
zu werden. Wird mit speziellem Gummiveredelungsband gearbeitet, sollte helles
Baumwachs zum Verstreichen genommen
werden, weil sich das Spezialgummi unter
dem Einfluß des UV-Anteils am Tageslicht
zersetzt. So spart man sich das Aufschneiden des Verbandes nach dem ersten Austrieb. Dunkle Verstreichmittel lassen das
UV-Licht nicht bis zu den Gummistreifen
durchdringen und unterbinden dessen Zer-
setzung. In diesem Fall muß man nach dem
Anwachsen beziehungsweise nach dem
Dickerwerden des Stammes den Verband
mit einem scharfen Messer auftrennen.

Kopulation mit Gegenzungen

Pflanzen, die nicht so einfach miteinander
verwachsen, kann man durch eine besondere Kopulationsart veredeln. Dafür hat
sich ein Verfahren bewährt, bei dem der
Überlappungsbereich der Kambiumschich-
ten (Wachstumszonen) noch weiter ver-
größert wird. Dazu wird am Kopulationsschnitt der Unterlage und des Edelreises ein
zusätzlicher Einschnitt angebracht.

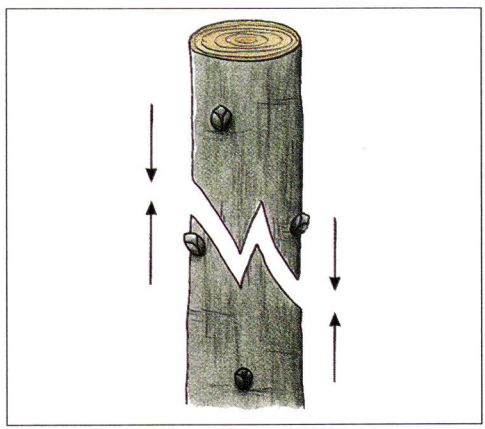

*Bei der Kopulation mit Gegenzungen
werden die Veredelungspartner ineinandergeschoben*

Anschließend werden beide Veredelungspartner nicht übereinandergelegt, sondern
ineinandergeschoben. Diese verbesserte
Kopulation mit Gegenzungen kann zum
Beispiel angewendet werden, um Walnuß-
bäume, Edelkastanien, Kaki- und Zitrus-
bäume anzuziehen.

Geißfußveredelung

Dieses wichtige Verfahren ist für den Un-
geübten zwar nicht ganz einfach auszuführen, allerdings ist es gerade dann sehr
hilfreich, wenn die Unterlage deutlich
dicker ist als das Edelreis.
Bei diesem Verfahren schneidet man einen
keilförmigen Einschnitt in die Unterlage.
Gegenüber einer Knospe wird dazu pas-
send das Edelreis hergerichtet. Beide
Veredelungspartner werden anschließend
zusammengedrückt, wobei oberhalb der
Veredelungsstelle am Edelreis zwei halb-
mondförmige Anschnitte verbleiben. Sie
regen die Kallusbildung an, wodurch eine
besonders gute Überwallung und damit
Verwachsung erfolgt.

Seit kurzem ist ein von einem österreichischen Ingenieur entwickelter Veredelungsapparat auf dem Markt, der die erforderlichen Schritte dieser Veredelungsmethode paßgenau ausführt. Wie Versuche gezeigt haben, arbeitet das Gerät zufriedenstellend. So ist es jetzt einfacher geworden, Geißfußveredelungen selbst durchzuführen.

Seitliches Einspitzen

Seitlich eingespitzt wird in erster Linie, um dünne Edelreiser mit dickeren Unterlagen zu verbinden. Auch Immergrüne und Nadelgehölze zieht man unter Anwendung diesers Verfahrens an. In die »im Saft« stehende Unterlage wird ein T-Schnitt angebracht. Wie beim Okulieren (siehe Seite 56) hebt man anschließend beide Rindenflügel mit der Rückseite des Messers oder einem Rindenlöser an, so daß eine Tasche

entsteht. Das Edelreis sollte etwa drei bis vier Augen aufweisen und ungefähr 4–6 cm lang sein. Bei Nadelgehölzen sind zuvor die Nadeln zu entfernen. Um die Verdunstung einzuschränken, sollte man Blätter zurückschneiden. Das Reis wird am unteren Ende mit einem 3 cm langen Kopulationsschnitt versehen und in die vorbereitete Tasche geschoben. Anschließend wird verbunden und verstrichen, auch die Schnittstellen am oberen Ende des Veredelungsreises. Nadelgehölze verstreicht man nicht, weil an den Schnittstellen so viel Harz austritt, daß hierdurch ein ausreichender Schutz vor Austrocknen und Schädlingsbefall gewährleistet ist.

Anplatten

Insbesondere Nadelgehölze werden auch durch Anplatten angezogen. Zu diesem Zweck schneidet man die getopfte und durchwurzelte Unterlage wenig über der Erde keilförmig an. Das im unteren Bereich

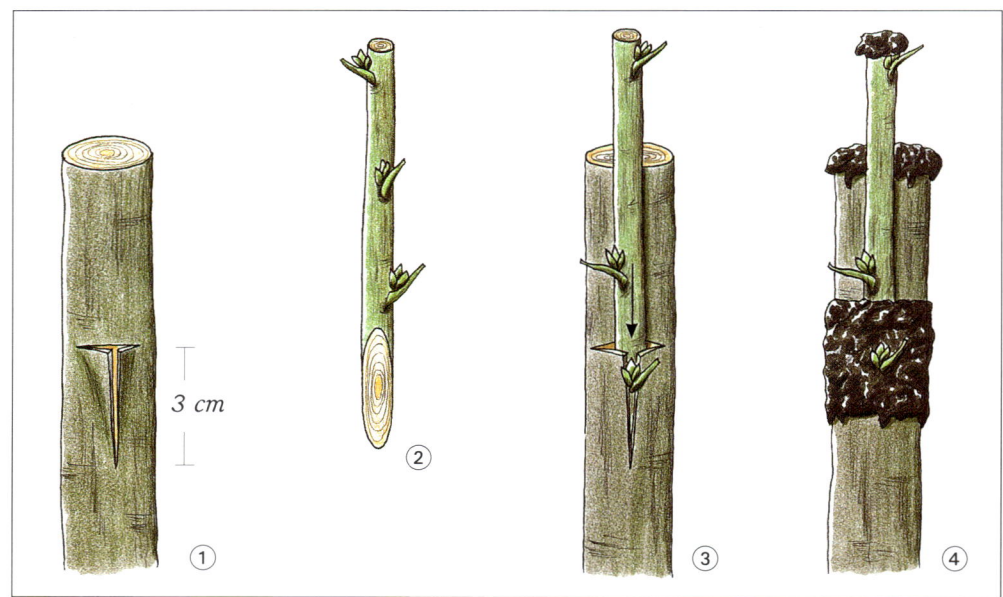

3 cm

Seitliches Einspitzen: ① *T-Schnitt in der Unterlage;* ② *zurechtgeschnittenes Edelreis;* ③ *fertige, noch unverbundene Veredelung;* ④ *verbundene und mit Baumwachs verstrichene Veredelung*

von Nadeln befreite Edelreis erhält einen Kopulationsschnitt, dessen Spitze nochmals schräg angeschnitten wird. So entsteht ein Keil, der genau in die zugeschnittene Unterlage paßt. Ist das Edelreis wenig dünner als der Schnitt in der Unterlage, ist es erforderlich, daß wenigstens eine Seite bündig übereinanderliegt und somit Kambiumkontakt hat. Anschließend wird verbunden. Auch bei diesem Verfahren werden Nadelgehölze aus den oben genannten Gründen gewöhnlich nicht mit Baumwachs verstrichen.

Die fertigen Veredelungen werden danach schräg in einen mit feuchtem Torf ausgekleideten Kasten gelegt (der Veredelungsbereich soll nach oben weisen), mit einer Glasplatte oder Folie abgedeckt und vier bis sechs Wochen bis zum erfolgreichen Anwachsen hell bei 15–20°C aufgestellt. Die dabei im Anzuchtkasten (oder Gewächshaus) vorherrschende warme und feuchte Luft wirkt sich positiv auf das Anwachsen der Veredelung aus. Erst nach beginnendem Austrieb wird die Unterlage teilweise zurückgeschnitten, der endgültige Rückschnitt erfolgt in der Vegetationszeit im Sommer.

Seitliches Anplatten

Dieses Verfahren ist dem Anplatten ähnlich. Es ist recht einfach auszuführen und wird bevorzugt, wenn die Unterlage bis etwa doppelt so dick ist wie das Veredelungsreis. Obgleich bei nur geringem Dickenunterschied auch die Kopulation angewendet werden kann, wobei auf mindestens einer Seite Kambiumkontakt bestehen muß, wird dennoch häufig dieses Verfahren bevorzugt, weil dabei größerer Kambiumkontakt besteht. Allerdings muß um so exakter gearbeitet werden, je dicker die Unterlage ist. Typisches Einsatzgebiet ist die Anzucht von Kernobstgehölzen im Winter durch Winterhandveredelung.

Pfropfen

Unter Pfropfen versteht man gewöhnlich das Einsetzen von Edelreisern in ältere Unterlagen. In Südeuropa werden oft Pfropfmethoden angewendet, um kräftige, sehr wüchsige Unterlagen mit neuen Edelreisern zu versehen. Ältere Obstbäume werden umgepfropft, wenn dadurch erwünschte Verbesserungen erzielt werden können. In folgenden Fällen wird gepfropft:

- Das Klima ist für Sorten bestimmter Obstgehölze nicht geeignet. Beispielsweise wird in zu rauhen und kalten Lagen der Apfel 'Cox Orange' durch eine geeignetere Sorte ersetzt.
- Durch Sturm ist ein Teil der Krone abgebrochen, und der Baum soll möglichst schnell eine gewünschte Form erhalten.
- Durch Unverträglichkeitserscheinungen ist die Krone an der Veredelungsstelle abgebrochen oder stark beschädigt. Ein Beispiel ist die Birnenveredelung auf Quittenstamm bei nicht ausreichender Affinität der Veredelungspartner.
- Durch mechanische Einwirkungen liegt eine starke Beschädigung an der Veredelungsstelle vor (zum Beispiel durch Wildverbiß), und die gewünschte Edelsorte soll erhalten bleiben.
- Eine große Schnittstelle soll nach dem Absägen eines dicken Astes schnell mit Wundgewebe überwallen. So entsteht Schutz gegenüber dem Eindringen von Schadorganismen. Wird ein dicker Ast entfernt, werden geeignete Edelreiser aufgepfropft, deren Anzahl von der Astdicke bestimmt wird. Nach zufriedenstellender Überwallung können die schlankeren Edelreiser abgeschnitten werden.
- Die Wüchsigkeit der kräftigen Unterlage ist so stark, daß beim Okulieren oder

Chippen eine Kallusüberwallung das eingesetzte Auge ersticken oder fortschieben würde, zum Beispiel Kakisorten auf Lotuspflaume oder Zitrus auf ältere Unterlagen.

● Eine Obstsorte trägt infolge einer fehlenden Bestäubersorte keine Früchte. Wenn beispielsweise ein älterer Birnbaum im Kübel auf dem Balkon keine befruchtungsfähigen Pollen erhält, schafft das Aufpfropfen einer zusätzlichen Birnensorte Abhilfe, die als Pollenspender geeignet ist.

● Ein reichtragender oder starkwüchsiger Obstbaum soll schnell herangezogen werden. Beispielsweise liegt nur sehr wenig Edelreismaterial vor, aus dem aber schnellstmöglich eine große Anzahl sortenechter Pflanzen herangezogen werden soll. Der gepfropfte Baum kann im selben oder im folgenden Jahr schon eine große Menge veredelungsfähiger Augen liefern.

Pfropfen hinter die Rinde

Dieses Verfahren ist auch für Ungeübte recht einfach durchzuführen. Veredelt wird Anfang April/Mai, einer Zeit, in der die Unterlage gerade in Saft steht. Die Edelreiser müssen sich noch in Vegetationsruhe befinden. Sie müssen also zuvor geschnitten und kühl und dunkel gelagert worden

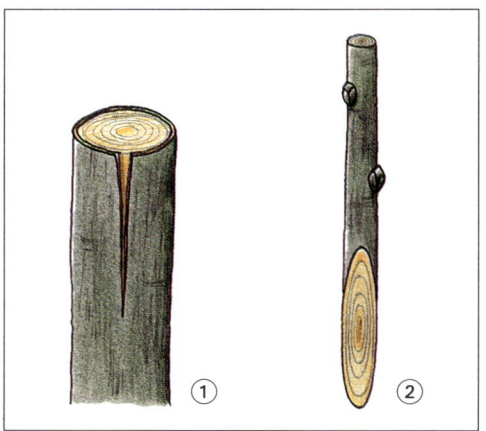

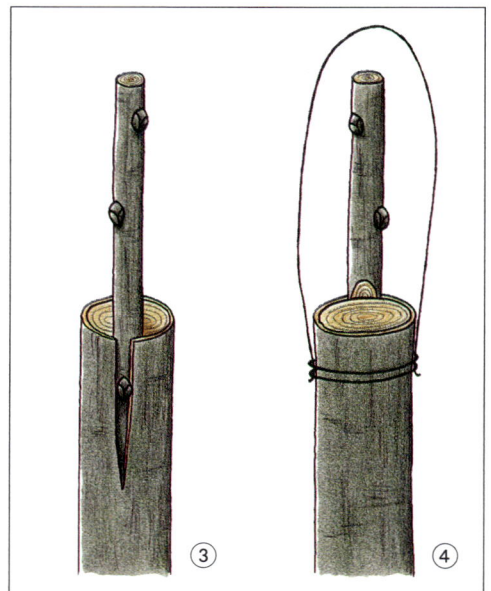

Pfropfen hinter die Rinde:
① *Zurückgeschnittene Unterlage mit senkrechtem Einschnitt*
② *Zurechtgeschnittenes Edelreis*
③ *Das Edelreis in die Unterlage einschieben*
④ *Rückseite der Veredelung mit Schutzdraht. Man beachte die halbmondförmig überstehende Schnittfläche des Edelreises*
⑤ *Ansicht der Veredelung von oben*

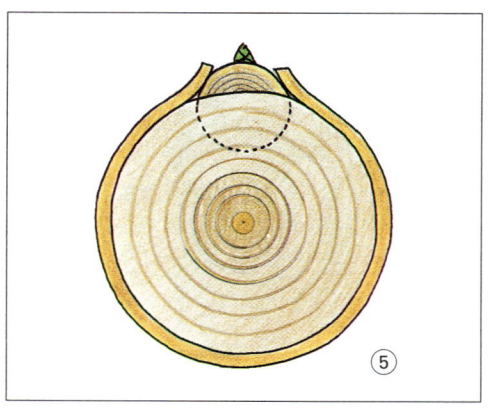

sein, zum Beispiel in einem Kühlhaus. Man kann die Edelreiser aber auch in Sand an einer schattigen Stelle im Garten eingraben. Die Stelle sollte genau markiert werden und vor Mäusen geschützt sein.

Der Ast, an dem die Pfropfung erfolgen soll, wird zurückgesägt. Die Schnittstelle wird anschließend mit einem scharfen Messer – zum Beispiel einer Hippe – nachgeschnitten. Dann legt man mit dem Messer in Längsrichtung einen etwa 3 cm langen Schnitt in die Rinde der Unterlage. Mit dem Rücken des Messers oder einem speziellen Rindenlöser wird nunmehr die Rinde an der Unterlage gelöst und leicht angehoben, so daß eine kleine Tasche entsteht. Das einzusetzende Edelreis wird jetzt mit einem 3–3,5 cm langen Kopulationsschnitt versehen, auf dessen gegenüberliegender Seite sich ein Auge befinden soll. Das Edelreis soll 5–8 cm lang sein und drei bis fünf Augen haben. Das zurechtgeschnittene Edelreis wird so in die Rindentasche an der Unterlage geschoben, daß es sich schließlich selbst hält. Anschließend wird ein kräftiger Verband aus Bast angelegt, der sorgfältig mit Baumwachs verstrichen werden muß. Das gilt auch für die abgeschnittene Spitze des eingesetzten Edelreises. Ein besonders inniges Verwachsen erfolgt, wenn der Kopulationsschnitt noch halbmondförmig über dem Aststumpf hervorschaut. So beugt man auch einem späteren möglichen Bruch durch Wind vor.

Bei dickeren Ästen werden nicht nur ein sondern zwei oder mehrere Edelreiser eingesetzt, und zwar erhalten in der Regel Pfropfköpfe bis 3 cm Durchmesser ein Edelreis, bei 3–5 cm zwei Edelreiser und bei mehr als 5 cm drei Edelreiser.

Um zu verhindern, daß Vögel die eingesetzten Reiser als Ruheplatz auswählen und dabei die Veredelung gefährden, kann man einen kräftigen Draht um den Veredelungsbereich legen und befestigen.

Pfropfen von Kakteen

Kakteen werden aus verschiedenen Gründen gepropft. So haben manche dieser Sukkulenten schlechte Wurzeln oder wachsen nur sehr unbefriedigend. Hier bietet sich das Pfropfen auf wüchsige Unterlagen an.

Farbige Kakteenmutationen wie der rote Erdbeerkaktus *(Gymnocalycium mihanovicii var. fredrichii)* oder der gelbe Bananenkaktus *(Chamaecereus silvestrii),* denen das Blattgrün (Chlorophyll) fehlt, gedeihen nur als gepfropfte Exemplare. Allerdings kann die Pfropfstelle so tief liegen, daß der Eindruck entsteht, als stünde die Pflanze auf eigener Wurzel.

Und schließlich kann das Blühen, Fruchten und damit die Samenproduktion von Kakteen durch Umpfropfen erheblich beschleunigt werden. Obgleich das äußere Erscheinungsbild der Pflanze sich dadurch ändern kann, bleibt die Art, beziehungsweise Sorte erhalten.

Als Pfropfunterlage eignen sich alle wüchsigen Arten, zum Beispiel *Cereus peruvianus, Eriocereus, Opuntia* und *Pereskia.*

Farbige Kakteenmutationen

Das Horizontalpfropfen sollte in der Zeit vom Frühjahr bis in den Sommer vorgenommen werden. Bei der Arbeit schützt man die Hände durch geeignete Handschuhe.

Im frischen Teil der Unterlage – also weder im verholzten unteren Bereich noch in der weichen Wachstumszone der Spitze – wird mit einem glatten waagerechten Schnitt der obere Teil abgeschnitten. Jetzt sind die für die meisten Arten typischen Leitbündelringe gut zu erkennen. Vorstehende Rippen werden schräg abgeschnitten, störende Stacheln gekappt. Ebenso schneidet man den Pfröpfling zu und schiebt ihn anschließend mit leichtem Druck von der Seite auf die Unterlage. Dadurch werden Luft- und Fremdkörpereinschlüsse vermieden, die das Anwachsen verhindern können. Die Pfropfung wird fixiert, indem zum Beispiel ein oder zwei Gummibänder um die getopfte Unterlage und den Pfropfkopf gespannt werden. Im Handel ist ein spezielles Gerät erhältlich, bei dem ein in der Höhe verstellbarer waagerecht angebrachter Stab einen gleichmäßigen, dauerhaften Druck auf den Pfropfkopf ausübt.

Spaltpfropfen

Ähnlich wie beim Veredeln von Gehölzen stehen auch beim Kakteenpfropfen verschiedene Methoden zur Auswahl. Genannt werden soll noch das Spaltpfropfen. Mit diesem Verfahren kann man zum Beispiel den Blätter- oder Osterkaktus *(Rhipsalidopsis)* auf eine kräftig wachsende schlanke Unterlage propfen und einen „Kaktusbaum" heranziehen. Dazu wird die ausgewählte Unterlage in gewünschter Höhe mit einem scharfen Messer abgeschnitten und möglichst mittig etwa 2–3 cm tief gespalten. Ein Blatt (Glied) des

Osterkaktus (Rhipsalidopsis)

Pfröpflings wird anschließend vorbereitet, indem zunächst die obere Hautschicht der unteren Hälfte abgeschabt wird. Anschließend drückt man den Pfröpfling in den Spalt der Unterlage. Dann wird mit Kaktusstacheln oder Messingnadeln fixiert. In heller, luftfeuchter Umgebung bei 24–26°C wachsen beide Partner schon nach zwei bis drei Wochen zusammen. Dann entfernt man die Fixierhilfen.

Veredelung
krautartig wachsender Pflanzen

Gelegentlich ist in der Presse zu lesen, Forschern sei eine besondere Pflanzenzüchtung gelungen, die Tomoffel, eine Kreuzung zwischen Tomate und Kartoffel. Unterirdisch wüchsen Kartoffeln, die im Herbst geerntet werden könnten, und oberirdisch reiften an der Staude Tomaten. Eine interessante Vorstellung, nur ist das tatsächlich möglich? So, wie es beschrieben wird, nicht. Es handelt sich nicht um eine neue, bislang unbekannte Art und auch nicht um das Ergebnis einer Genmanipulation, sondern um Pflanzen unterschiedlicher Gattungen, aber gleicher Familie (Nachtschattengewächse, *Solanaceae)*, die miteinander veredelt wurden. Als Unterlage dient die Kartoffel *(Solanum tuberosum)*, die in einem Topf vorgezogen wird. Parallel dazu zieht man

eine Tomatenpflanze (*Lycopersicon* sp.) in
einem Topf vor. Haben beide Pflanzen eine
Länge von etwa 40 cm erreicht, werden sie
miteinander veredelt. Den Veredelungstrieb
der einen Pflanze kann man dann vorsichtig zur anderen hinüberziehen. Zu empfehlen ist das Ablaktieren (Veredelungsmethode, bei der das Edelreis mit der Mutterpflanze verbunden bleibt, bis es mit der
Unterlage verwachsen ist). In Frage kommt
auch das Kopulieren (siehe Seite 59) mit
Gegenzungen, wobei die aufveredelte
Pflanze (die Tomate) erst nach dem Anwachsen – erkennbar am Austreiben –
vom Wurzelstock getrennt wird. Dann
wird auch der sich oberhalb der Veredelungsstelle befindliche Kartoffeltrieb gekappt, ferner weitere Triebe, die eventuell
aus der Kartoffelknolle herauswachsen.
Wenn man jetzt warm und hell weiterkultiviert, kann man im Spätherbst tatsächlich
sowohl Kartoffeln als auch Tomaten ernten.

Ob sie die gleichen wertvollen Inhaltsstoffe
haben wie die Tomaten und Kartoffeln
»normaler« Kultur, wurde noch nicht er-
forscht. Wegen des großen Aufwandes und
des relativ geringen Ertrages wird eine
Wirtschaftlichkeit sicher nie erreicht
werden.
Auch andere krautartig wachsende Pflanzen kann man auf diese Weise veredeln, um
bestimmte Eigenschaften zu fördern oder
Anfälligkeiten gegen Krankheiten auszu-
schließen. So werden Gurken auf den
Feigenblättrigen Kürbis (*Cucurbita ficifolia*)
veredelt, um der Gurkenwelke (*Fusarium*)
vorzubeugen und um eine besondere
Wüchsigkeit zu erzielen.
Auch hier erfolgt die Veredelung durch
Kopulation mit Gegenzungen beziehungsweise durch Ablaktieren. Beide Veredelungspartner werden in je einem Topf angezogen, wobei es günstig ist, die Edelsorte
drei bis fünf Tage vorher auszusäen, da der
Kürbis schneller wächst.

Maschinen- und Zangenveredelung
Nur kurz erwähnt werden soll an dieser
Stelle das maschinelle Veredeln und das
diesem Verfahren sehr ähnliche Zangen-
veredeln. Neben den bereits genannten
Veredelungsverfahren wie der Geißfuß-
veredelung (siehe Seite 59) hat sich insbesondere im **Weinbau** die Maschinenver-
edelung durchgesetzt. Dabei wird an beiden
Veredelungspartnern mit einer speziellen
Vorrichtung ein Schnitt in Form des grie-
chischen Omega-Zeichens ausgeführt.
Unterlage und Edelreis werden anschlies-
send nur noch zusammengedrückt, fixiert
und gewachst.
Auch die Lamellenschnittmethode ist
üblich. Dabei ist die mechanische Festigkeit
der Veredelung besonders groß.

*Veredelung krautartig wachsender
Pflanzen: Nachdem die Schnittstellen verwach-
sen sind, trennt man die aufveredelte Tomate
(rechts) von ihrer Mutterpflanze. Auch der
Kartoffeltrieb (links) wird oberhalb der
Veredelungsstelle gekappt*

Pflanzenschutz

Die wirkungsvollste Maßnahme, um Samen und Sämlingen ein gutes An- und Weiterwachsen zu ermöglichen, ist der vorbeugende Schutz gegen alles Krankmachende und gegen Schädlinge.

Das beginnt bereits bei den **Gerätschaften.** Sie sollten sauber, gepflegt und möglichst steril sein. Insbesondere mit selbstzubereiteten Pflanzensubstraten können Pilze und gefährliche Nematoden übertragen werden. Eigene Erden sollte man deshalb durch Erhitzen keimfrei machen (siehe Seite 17). Bestehen Bedenken hinsichtlich der Keimfreiheit des Saatgutes, kann es gebeizt werden (siehe Seite 25).

Ferner kann durch optimale **Kulturbedingungen** das gesunde Wachsen der Keimlinge oder Jungpflanzen gefördert werden. Wichtig ist, daß der Substratboden niemals naß ist. Stauende Nässe kann – besonders wenn es sich bei der Kultur um halbreife Stecklinge handelt – sehr schnell zu Fäulnis führen. Die Pflänzchen sind dann nicht mehr zu retten. Außerdem muß gelüftet werden. Pflanzen unter einer Klarsichthaube gedeihen gewöhnlich zwar gut, weil die Luftfeuchtigkeit optimal ist. Allerdings schafft dieser Zustand ebenso optimale Keimbedingungen für die Sporen verschiedener Schadpilze, wenn nicht in regelmäßigen Abständen gelüftet wird. Gefährlich für auflaufende Sämlinge ist die sogenannte »Umfallkrankheit«. An ihr sind oftmals verschiedene Bodenpilze schuld. Der dünne, zarte Stiel der Pflanze verfärbt sich rasch grau oder schwarz, und anschließend kippt die Pflanze um und stirbt ab. Diese Erscheinung wird auch »Schwarzbeinigkeit« genannt. Einige Pflanzen sind ihr gegenüber besonders anfällig, andere widerstehen besser. Besonders anfällig ist die Litschipflaume. Die der Frucht entnommenen großen Kerne werden eingepflanzt, warm aufgestellt, und gewöhnlich erscheinen nach zwei bis drei Wochen die Keimlinge. Sobald sie dann eine Größe von etwa 10 cm erreicht haben, setzt oftmals ein »Massensterben« ein. Die Stiele aller Pflänzchen verfärben sich dunkelbraun oder schwarz, anschließend knicken sie um, und der obere Teil der Pflanze vertrocknet oder verfault.

Im Erwerbsanbau werden Anzuchtflächen erforderlichenfalls mit jeweils zugelassenen Fungiziden behandelt.

Auch **Schädlinge** können Jungpflanzen arg zusetzen. Zu den gefährlichsten gehören **Nacktschnecken.** Wenn ihnen die Kulturen zusagen und sie in ausreichender Zahl vorhanden sind, können sie binnen einer

Umfallkrankheit beim Salat

Nacht sämtliche Pflanzen durch Abfressen der grünen Teile vernichten. Bei Schnekkenbefall muß man allerdings nicht gleich zu Schneckenkorn, einem chemischen Präparat mit dem Wirkstoff Metaldehyd greifen, sondern oft reicht auch das Aufstellen von Schneckenzäunen oder das Absammeln unter ausgelegten Salatblättern. Außerdem sind Schneckenfallen im Handel erhältlich; sie locken Schnecken durch bestimmte Geruchsstoffe an.

Blattläuse lieben zarte, junge Austriebe. Sind Jungpflanzenanlagen von ihnen befallen, muß man sofort handeln. Bei kleinem Befall kann möglicherweise noch abgesammelt werden, ohne daß chemische Präparate eingesetzt werden müssen. Ein Abspritzen verbietet sich jedoch wegen der besonderen Empfindlichkeit der Pflanzen und wegen einer möglichen Übernässung des Bodens.

Im übrigen kann man Schädlinge durch Abdecken der Anzuchtquartiere mit Vlies oder speziellen Folien fernhalten.

Dickmaulrüßler-Schadbild

Sehr gefährlich sind **Dickmaulrüßler,** die die Pflanzen durch Fraßschäden erheblich beeinträchtigen können, ferner ihre mindestens ebenso gefährlichen Larven, die unter der Erde die feinen Wurzeln anfressen. Weiterhin verursachen **Nematoden** ähnliche Schäden. Dagegen können zwischen die Jungpflanzen gesetzte Studentenblumen *(Tagetes)* hilfreich sein.

Wühlmäuse können unter anderem im Aussaatquartier umfangreiche Schäden anrichten.

Sowohl Nützlinge als auch Schädlinge sind **Vögel.** Sie sorgen zwar dafür, daß manche tierische Schädlinge ausgemerzt werden, fressen aber mit Vorliebe verschiedene Samen und zarte Keimlinge.

Pflanzenschutztips

Grundsätzlich muß im Anzuchtquartier sauber und hygienisch gearbeitet werden! Sterile Erden halten die schlimmsten Feinde junger Pflanzen, Pilze und Nematoden, fern. Treten doch einmal Pilzinfektionen auf, muß man häufig gut lüften und gegebenenfalls ein im Fachhandel erhältliches zugelassenes Fungizid anwenden. Nacktschnecken muß man sofort absammeln, man kann auch Schneckenfallen aufstellen.

Nematoden im Boden verbieten eine Jungpflanzenanzucht. Hier hilft nur ein kompletter Bodenaustausch. Dickmaulrüßler kann man zwar während ihrer Freßtätigkeit nachts absammeln, doch die gefräßigen Larven vernichten das Wurzelwerk. Auch dagegen helfen nur ein vollständiger Bodenaustausch oder zugelassene Pflanzenschutzmittel.

Gehölze:

Laubbäume, Nadel-

bäume, Obstgehölze

Gehölze werden auf unterschiedliche Weise vermehrt. Generative und vegetative Vermehrung sind möglich.

Laubgehölze

Heimische Laubgehölze können durch Aussaat vermehrt werden. Der Aussaattermin wird gewöhnlich von der Natur vorgegeben. Die Samen vieler Arten reifen im Herbst oder Winter und fallen auf den Boden und werden dort bedeckt. Im nächsten Frühjahr können sie auflaufen. Sie waren dann nahezu ein halbes Jahr den Witterungsbedingungen ausgesetzt. Dadurch wird gewöhnlich die Keimruhe des Samens durchbrochen. Der Keimling entwickelt sich gut und beginnt auszutreiben, wenn ihm die äußeren Bedingungen zusagen. Doch auf diese Weise geregelte Pflanzenvermehrung zu betreiben ist natürlich nicht möglich. Nur ein Bruchteil der Samen würde tatsächlich auflaufen. Viele dienen als Nahrung für Tiere, andere finden keine geeigneten Keimbedingungen vor.

Es ist daher üblich, die im Herbst gesammelten Gehölzsamen zu reinigen und ordnungsgemäß zu lagern beziehungsweise zu stratifizieren (siehe dazu Seite 26). Die vorbereiteten Samen kann man natürlich auch gleich an Ort und Stelle aussäen. Ansonsten werden diese Arbeiten im zeitigen Frühjahr vorgenommen.

Die meisten Ziergehölze werden durch Steckholz (siehe Seite 36) aus dem mittle-

Weißer Flieder (Syringa vulgaris)

ren Teil einjähriger verholzter Triebe vermehrt. Der beste Schnittermin hierfür ist der frühe Winter, bevor die Pflanzen starken Frösten ausgesetzt waren. Das Steckholz wird nach dem Schneiden und der Kennzeichnung der Polarität kühl bei hoher Luftfeuchtigkeit eingelagert. Gesteckt wird im Frühjahr nach den stärksten Frösten in einen humosen, durchlässigen Boden. Die Verwendung von Wuchsstoffen kann die Wurzelbildung bei den meisten Arten fördern.

Ziergehölze, die durch Steckhölzer vermehrt werden können

Kornelkirsche *(Cornus)*, Deutzie *(Deutzia)*, Forsythie *(Forsythia)*, Liguster *(Ligustrum)*, Geißblatt *(Lonicera)*, Sommerjasmin *(Philadelphus)*, Zierjohannisbeere *(Ribes)*, Weide *(Salix)*, Spierstrauch *(Spiraea)*, Schneebeere *(Symphoricarpos)*, Flieder *(Syringa)*, Tamariske *(Tamarix)*, Weigelie *(Weigela)*

Gehölze

Botanischer/deutscher Name	Vermehrungsarten										Bemerkungen
	Ableger	Absenker	Aussaat	Ausläufer	Meristem-veredelung	Steckholz	Steckling	Teilung	Veredelung	Wurzel-schnittling	
Abelia, Abelie			x				x				wärmebedürftig
Abies, Tanne			x				x	x			
Acantopanax, Stachelkraftwurz			x			x	x		x		
Acer, Ahorn			x				x	x			
Actinidia chinensis, Kiwi			(x)				x	x			wärmebedürftig
Akebia, Akebie	x		x								
Amelanchier, Felsenbirne			x					x	x		
Aralia, Kraftwurz			x	x					x	x	wärmebedürftig
Araucaria, Araukarie			x								schutzbedürftig
Arbutus, Erdbeerbaum			x				x				wärmebedürftig
Aronia, Apfelbeere			x					x	x		
Arundinaria, Bambus			(x)					x			
Aucuba, Aukube			(x)				x	(x)			
Betula, Birke			x						x		
Buddleja, Sommerflieder			(x)			x	x		x		
Buxus, Buchsbaum							x				Oktober im Kasten
Calluna, Besenheide	x		x				x				
Camellia, Kamelie			(x)				x				wärmebedürftig
Camellia sinensis, Tee			x				x				wärmebedürftig
Carpinus, Hainbuche			x						x		
Castanea, Eßkastanie			x						x*		*schutzbedürftig
Cedrus, Zeder			x				x*		x*		*im Haus
Cercis, Judasbaum			x						x		Samen überbrühen
Chamaecyparis, Scheinzypresse			x				x	x			
Choisya, Orangenblume			x				x				wärmebedürftig
Clematis, Waldrebe			x						x		
Colletia, Ankerpflanze			x				x				wärmebedürftig
Cornus, Hartriegel	x	x				x	x		x		

Gehölze

Botanischer/deutscher Name	Ableger	Absenker	Aussaat	Ausläufer	Meristem-veredelung	Steckholz	Steckling	Teilung	Veredelung	Wurzel-schnittling	Bemerkungen
Corokia, Zickzackstrauch			x				x				im Haus
Cotinus, Perückenstrauch			x			x	x			x	
Crataegus, Weißdorn			x						x		
Cydonia, Quitte							x		x		
Deutzia, Deutzie			x			x	x				
Diospyros, Dattelpflaume, Kaki			x						x		im Haus
Elaeagnus, Ölweide		x	x				x		x		
Erica, Erika, Heidekraut			x				x				
Euonymus, Spindelbaum			x				x		x		
Fagus, Buche			x						x		
Ficus carica, Feige			(x)			x	x		(x)		wärmebedürftig
Forsythia, Goldglöckchen	x	(x)					x				bewurzelt in Wasser
Fraxinus, Esche			x						x		
Gaultheria, Scheinbeere		(x)	x				x		x		
Genista, Ginster			x				x		x		
Ginkgo, Elefantenohrbaum			x			(x)	(x)		x		
Gleditsia, Gleditschie			x						x		
Halesia, Schneeglöckchenbaum	x		x								
Hamamelis, Zaubernuß		(x)	x						x		2 Jahre stratifiz.
Hedera, Efeu							x		(x)		
Hippophaë, Sanddorn			x			x					Samen reinigen
Hydrangea, Hortensie			x			x	x		x		
Ilex, Stechpalme			x				x				
Jasminum, Echter Jasmin			x				x				artspez. winter-hart
Juglans, Walnuß			x						x		
Juniperus, Wacholder	x		x				x*		x		*unter Glas
Laburnocytisus, Geißkleebohnenbm.									x		
Laburnum, Goldregen			x			x			x		

Gehölze

Botanischer/deutscher Name	Ableger	Absenker	Aussaat	Ausläufer	Meristem-veredelung	Steckholz	Steckling	Teilung	Veredelung	Wurzel-schnittling	Bemerkungen
Larix, Lärche			x				(x)		x		
Liquidambar, Amberbaum		x	x								schutzbedürftig
Liriodendron, Tulpenbaum		x	x						x		
Lonicera, Geißblatt, Heckenkirsche	x		x			x	x				
Lycium, Bocksdorn			x			x					
Magnolia grandiflora, Magnolie		x	x				x		x		wärmebedürftig
Magnolia sp., Magnolie		x	x				x		x		
Malus, Apfel			x			(x)			x*		*Obstsorten
Mespilus, Mispel ('Deutsche')			(x)						x		
Metasequoia, Mammutbaum			x				x				Jungpflanzen im Kasten
Morus, Maulbeere			x						x*		*im Haus
Myrica, Gagel		(x)	x								
Nothofagus, Scheinbuche		x	x								
Osmanthus, Duftblüte			x				x				wärmebedürftig
Paeonia, Pfingstrose			x					x	x		geschützt
Parthenocissus, Wilder Wein			x			(x)	x		x		
Paulownia, Blauglockenbaum			x							x	wärmebedürftig
Pernettya, Torfmyrte			x				x*	x*			*im Haus
Philadelphus, Pfeifenstrauch			(x)			x	x				
Phyllostachys, Bambus				x				x			schutzbedürftig
Picea, Fichte			x				x		x*		*unter Glas
Pieris, Pieris			x				x				schutzbedürftig
Pinus, Kiefer, Pinie			x						x		
Pinus pinea, Schirmkiefer			x								wärmebedürftig
Platanus, Platane			x			x			(x)		
Polygonum, Knöterich						x	x				sehr leicht bewurzelbar
Poncirus, Sauerorange, Zitrone			x				x		(x)		schutzbedürftig
Populus, Pappel			x			x			x		

Gehölze

Botanischer/deutscher Name	Ableger	Absenker	Aussaat	Ausläufer	Meristem-veredelung	Steckholz	Steckling	Teilung	Veredelung	Wurzel-schnittling	Bemerkungen
Prunus, Kirsche, Pflaume, Pfirsich, Nektarine, Aprikose, Mirabelle			x		x	(x)	(x)		x*		*Obstsorten
Pseudotsuga, Douglastanne			x						x		
Pyracantha, Feuerdorn			x				x				
Pyronia, Birnen-Quitten-Hybride									x		
Pyrus, Birne			x		x				x*		*Obstsorten
Quercus, Eiche			x				(x)		x		
Rhamnus, Faulbaum		x	x				x		x		
Rhododendron, Alpenrose	x	(x)			x		x	x	x		
Rhus, Essigbaum			x	x						x	
Ribes, Johannisbeere, Stachelbeere	x	(x)				x	x		x		
Robinia, Robinie, Falsche Akazie			x						x	x	
Rosa, Rose			x			x	x		x		
Rosmarinus, Rosmarin			x				x				wärmebedürftig
Ruscus, Mäusedorn			x					x			
Salix, Weide	x		x			x	x		x		leicht zu bewurzeln
Sambucus, Holunder, Fliederbeere			x			x	x		(x)		
Sciadopitys, Schirmtanne			x				x		x		wächst langsam
Sequoia, Küstensequoia			x								schutzbedürftig
Sequoiadendron, Mammutbaum			x						(x)		schutzbedürftig
Skimmia, Skimmie			x				x				
Sophora, Schnurbaum			x				x		x		
Sorbus, Eberesche, Mehlbeerbaum, Speierling			x						x		
Spiraea, Spierstrauch			(x)			x	x				Saat nicht abdecken
Symphoricarpos, Schneebeere			(x)				x				
Syringia, Flieder			(x)				x	x	x		
Tamarix, Tamariske						x	(x)				

Gehölze

Botanischer/deutscher Name	Vermehrungsarten										Bemerkungen
	Ableger	Absenker	Aussaat	Ausläufer	Meristem-veredelung	Steckholz	Steckling	Teilung	Veredelung	Wurzel-schnittling	
Taxodium, Sumpfzypresse			x						x		
Taxus, Eibe			x				x		x		kalkliebend
Thuja, Lebensbaum			x				x		(x)		feuchter Boden
Tilia, Linde		(x)	x						x		
Tsuga, Hemlocktanne			x				(x)		(x)		
Ulmus, Ulme, Rüster		x	x				x		x		
Vaccinium, Heidelbeere			(x)				x	x			
Viburnum, Schneeball		x	x				x		x		z. T. wärme-bedürftig
Vitis, Weinrebe			(x)				(x)		x*		*Obstsorten
Weigela, Weigelie							x	x			
Wisteria, Wisterie		x	(x)						x		
Zanthoxylum, Gelbholz			x								wärmebedürftig
Zelkova, Zelkowe		(x)	x						x		
Ziziphus, Judendorn, Jujube			x				x		x		wärmebedürftig

Nadelgehölze

Für Nadelgehölze ist die Frühjahrsaussaat vorzuziehen. Das Land sollte im Herbst umgegraben und vorbereitet worden sein. Vor der Aussaat wird nur noch leicht ober- flächlich gelockert und gegebenenfalls abgelagerter Kompost eingearbeitet. Das Saatgut sollte in Reihen und nicht zu dicht ausgebracht werden. So ist die später er- forderliche Bodenbearbeitung deutlich ein- facher. Auch kann man leichter abschätzen, wie hoch die Keimquote ist. Das ist im kommerziellen Jungpflanzenanbau nicht

unwichtig. Die Saattiefe sollte 2–5 cm betragen, sie ist abhängig von den äußeren Gegebenheiten und der Samendicke. Als Faustregel kann man sich merken: Aus- saattiefe = 2–3fache Samendicke, minde- stens jedoch 2 cm; letzteres deshalb, weil bei zeitweiliger Trockenheit die obere Krume sehr schnell austrocknet und der Keimling Schaden nehmen könnte. Anders verhält es sich bei der Aussaat der meisten Nadelgehölzarten im Frühjahr. Die Samen werden nur in die oberste Boden- schicht eingearbeitet, nicht mehrere Zenti- meter tief. Anschließend deckt man die

Eibe (Taxus baccata)

Lebensbaum (Thuja occidentalis)

Beete mit mittelfeinem Sand ab. Er bildet einen zusätzlichen Schutz vor Austrocknung und vor Windabdrift. Obgleich viele der Nadelholzarten als Lichtkeimer bezeichnet werden, ist es nicht erforderlich und praktisch auch gar nicht möglich, deren Samen einfach nur auf den Boden zu legen und anzudrücken.

Kleinere Mengen von Gehölzsamen kann man ebenso in Töpfen aussäen und anziehen. Die Jungpflanzen werden dann ins Freie gepflanzt oder, bei empfindlicheren Arten, unter Glas aufgestellt und feucht gehalten.

Die im Herbst einjährigen Sämlinge – oder bei vegetativ erfolgter Anzucht die Stecklinge – werden nach ihrer Ausreife gerodet, im Kühlhaus gelagert, vorläufig im Freiland locker eingegraben oder endgültig an den vorgesehenen Ort gepflanzt. Fichten *(Picea)* werden schon mit Beginn des Herbstes gerodet und gleich anschließend verschult. So können sie noch im selben Jahr einwurzeln und verkraften Trockenperioden im Frühjahr erheblich besser. Das gilt auch für den Lebensbaum

(Thuja) und einige Tannenarten *(Abies)*. Andere Nadelgehölze wie die Lärche *(Larix),* die Douglastanne *(Pseudotsuga menziesii),* Kiefernarten *(Pinus),* und Eiben *(Taxus)* werden auch im Frühjahr gepflanzt, wenn sie sich noch in Winterruhe befinden. Den Ginkgo *(Ginkgo biloba),* eine den Nadelgehölzen zuzurechnende Art, obgleich die typischen »Elefantenohrblätter« nicht daran denken lassen, sollte man im Frühjahr pflanzen.

Obstgehölze

Obstgehölze werden in der Regel entweder durch Veredelung oder durch Stecklinge beziehungsweise Steckholz angezogen. Die meisten Obstbäume zieht man durch Veredelung. So können nicht nur die sortenspezifischen Merkmale weitergegeben werden, sondern auf diese Weise kann auch die Wuchsform und die Wuchskraft beeinflußt werden.

Kernobstarten wie Apfel, Birne, Quitte und Mispel lassen sich im Winter als Handver-

Pflaumen (Prunus domestica)

Rote Johannisbeeren (Ribes rubrum)

edelung mit dem Kopulationsverfahren oder im Sommer durch Okulation auf das schlafende Auge veredeln.

Bei **Steinobstarten** ist das Risiko im Winter groß, daß das aufveredelte Edelreis frühzeitig treibt, bevor es mit der Unterlage verwachsen ist und von ihr mit Wasser und Nährstoffen versorgt werden kann. Es trocknet an der Basis ein, und ein Anwachsen ist dann nicht mehr möglich. Aus diesem Grund werden Steinobstarten überwiegend im Sommer okuliert oder gechippt. Es gibt natürlich Ausnahmen, insbesondere dann, wenn man sehr frühzeitig veredelt und bei hoher Luftfeuchtigkeit bis zum Aufschultermin kühl lagert. Mit geeigneten Veredelungs- und Pfropfverfahren kann man auch zu anderen Terminen veredeln. Die Winterhandveredelungen schult man zu einem Zeitpunkt auf, ab dem keine starken Fröste mehr zu erwarten sind, also gewöhnlich im Laufe des Aprils. Bis zu dem Zeitpunkt werden die Pflanzen kühl gelagert. Sie können nach der Veredelung im Winter auch in Töpfe gepflanzt kultiviert werden.

Bestimmte **Obstgehölzbüsche** werden überwiegend aus Stecklingen beziehungsweise Steckholz angezogen. Der Schnittzeitpunkt und der Stecktermin entsprechen den bei Ziergehölzen genannten Daten.

Obstgehölzbüsche, die aus Stecklingen oder Steckhölzern angezogen werden können

Kiwi *(Actinidia arguta, Actinidia chinensis)*, Apfelbeere *(Aronia)*, Feigen *(Ficus carica)*, Maulbeere *(Morus)*, Sauerorange oder Dreiblättrige Zitrone *(Poncirus trifoliata)*, Pflaumensorten *(Prunus domestica)*, Granatapfel *(Punica granatum)*, Johannisbeeren *(Ribes* sp.), Stachelbeeren *(Ribes* sp.), Jostabeere *(Ribes* x *nidigrolaria)*, Holunder (Fliederbeeren, *Sambucus nigra)*, Kulturheidelbeere *(Vaccinium* sp.) Weinreben *(Vitis)*, Jujube *(Ziziphus jujuba)*, ferner Obstsorten wie Apfeltypen, Quitten, Pflaumen und diverse Obst-Hybriden

Stauden, Blumen, Balkonpflanzen

Stauden sowie viele Blumen- und Balkonpflanzen werden sowohl generativ durch Aussaat als auch vegetativ vermehrt. Die wichtigste vegetative Methode ist sicher die Teilung, weitere wichtige Möglichkeiten sind auch die Anzucht aus Stecklingen, durch Ausläufer und aus Wurzelschnittlingen.

Anzucht aus Samen

Sehr viele Arten kann man aus Samen selber ziehen. Das ist insbesondere üblich bei Wildformen, aber auch viele Kulturformen werden in der Regel aus Samen gezogen. Sehr robuste Arten können im Winter im Freiland ausgesät werden. Die sogenannten **Frost- oder Kaltkeimer** benötigen winterlich kalte und danach ansteigende Temperaturen, um die Keimhemmung zu überwinden und auszutreiben. Allerdings ist Frost – anders als ihr Name vermuten läßt – zur Überwindung der Keimruhe nicht erforderlich. Am sichersten laufen sie auf, wenn sie warm vorgequollen und anschließend in Anzuchtgefäßen ins Freie gestellt werden, wo dann die winterlich niedrigen Temperaturen auf sie einwirken können. Auch ein Stratifizieren (siehe Seite 26) ist häufig möglich. Die Aussaaten muß man stets vor Schädlingen schützen. **Zweijährige Blütenpflanzen** werden am besten im Sommer bis Spätsommer ausgesät, auch nach der Samenernte. Dazu zählen in erster Linie die überall bekannten

Stiefmütterchen *(Viola-Wittrockiana-Hybriden)* sowie die Marmelblumen, auch Tausendschönchen oder Maßliebchen *(Bellis)* genannt, Fingerhut *(Digitalis)*, Islandmohn *(Papaver)* und verschiedene Distelarten *(Carduus* sp.).

Viele andere Staudensamen bedürfen keiner winterlichen Kälteeinwirkung, um sicher aufzulaufen. Bei diesen Arten ist der Aussaattermin nicht von so großer Bedeu-

Fingerhut (Digitalis purpurea)

Tausendschön (Bellis perennis)

tung. Dennoch sollte die Aussaat zu einem Zeitpunkt erfolgen, der es den Pflanzen ermöglicht, noch im selben Jahr zur Blüte zu kommen. Das ist gewöhnlich der Frühlingsbeginn Ende März. Da die meisten dieser Arten höhere Temperaturen zum Keimen benötigen, ist die Aussaat in Töpfen zu empfehlen, die dann einige Zeit in einem Gewächshaus oder im Zimmer vor einem Fenster aufgestellt werden. Wenn die Pflanzen eine Größe von etwa 10 cm erreicht haben, kann man sie pikieren. Sie dürfen nicht zu warm und zu dunkel stehen, weil sie sonst vergeilen könnten. Vor dem Auspflanzen ins Freiland nach den Eisheiligen Ende Mai müssen sie abgehärtet, also langsam an die rauheren Freilandbedingungen gewöhnt werden.

Vermehrung durch Teilung

Die meisten Stauden kann man sortenecht durch Teilung vermehren.
Dieses Verfahren hat auch weitere Vorteile. So lassen sich innerhalb sehr kurzer Zeit neue blühfähige Horste heranziehen, die im Folgejahr erneut geteilt werden können. Manche Arten können schon mit den Händen auseinandergezogen werden, zum Beispiel Maiglöckchen *(Convallaria majalis)*. Bei anderen benötigt man bereits ein

Messer oder zwei kräftige Hände zum Auseinanderbrechen des Horstes, wie bei der Gemswurz oder Gelben Frühlingsmargerite *(Doronicum),* und schließlich kann bei älteren Exemplaren, zum Beispiel vom Phlox (Flammenblume, *Phlox),* auch schon einmal ein scharfer Spaten notwendig werden. Wichtig ist immer, die Trennstellen sauberzuschneiden. Es dürfen keine angerissenen Pflanzen- oder Wurzelteile herabhängen; sie könnten faulen. Frühjahrsblüher werden nach der Blüte geteilt und gleich anschließend in humosen Boden gepflanzt. Sie ergeben dann bis zum Herbst prächtige Pflanzen. Herbstblüher teilt man entsprechend später oder, wie auch viele Staudengräser und Bambus, im Frühjahr vor dem Austrieb.

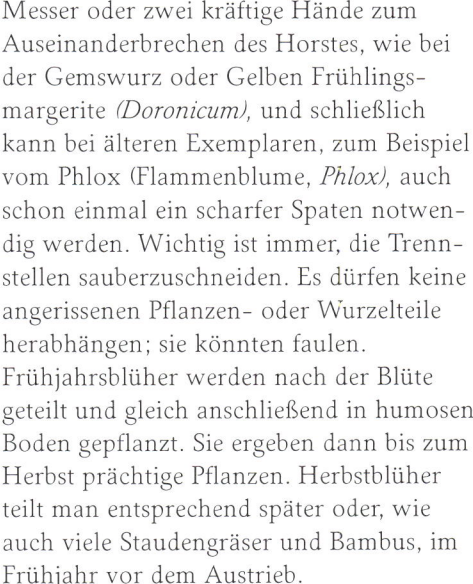

Stauden verjüngen

Nicht nur zur Vermehrung werden Stauden geteilt. Auch zur Auffrischung älterer etablierter Exemplare ist dieses Verfahren vorteilhaft. Dazu werden ältere Stauden ausgegraben, in Teile zerkleinert und neu aufgepflanzt. Diese Verjüngungskur tut ihnen gut.

Maiglöckchen (Convallaria majalis)

Phlox (Phlox drummondii)

Stecklinge

Manche Stauden können auch durch Stecklinge angezogen werden. Diese Vermehrungsart ist jedoch weniger üblich. Die Stecklinge werden im Austrieb bis Juni als Kopfstecklinge geschnitten und sollten, abhängig von Art und Knospenabstand, eine Länge bis etwa 10 cm haben (zur weiteren Anzucht siehe Seite 32).

So kann man zum Beispiel Schafgarbe *(Achillea)*, Schleierkraut *(Gypsophila paniculata)*, Bartfaden *(Penstemon)* und Veilchenarten *(Viola* sp.) vermehren.

Wurzelschnittlinge

Durch Wurzelschnittlinge (siehe Seite 48) können Arten wie die Silberdistel *(Carlina acaulis)* und Staudenmohn *(Papaver* sp) vermehrt werden.

Die Schnittstellen von Geranienstecklingen *(Pelargonium)* sollten nach dem Schneiden einige Stunden antrocknen. So läßt sich einem eventuellen Faulen nach dem Stecken vorbeugen.

Das Aufstellen ins Freie oder das Auspflanzen in Balkonkästen sollte erst ab Ende Mai erfolgen, wenn Fröste sicher ausgeschlossen werden können. Das gilt auch für andere empfindliche Pflanzen wie zum Beispiel die Fuchsie *(Fuchsia)*.

Duftveilchen (Viola odorata)

Silberdistel (Carlina acaulis)

Stauden, Sommerblumen und Kräuter

Botanischer/deutscher Name	Vermehrung												Bemerkungen
	Aussaat	Ausläufer	überw. einjähr.	Gewächshaus	Meristem	Schößling	Sporen	Steckling	Teilung	Tochterrosette	Vorz. unt. Glas	Schnittling	
Ageratum houstonianum, Leberbalsam	x		x	2–3									
Alcea, Stockrose	4–6												
Anemone-Japonica-Hybriden, Anemone									x			x	
Anethum graveolens, Dill	x												
Angelica archangelica, Engelwurz	x												
Antirrhinum majus, Löwenmäulchen	1–4		x										
Aquilegia-Hybriden, Akelei	He												
Aruncus dioicus, Wald-Geißbart	He								x				
Aster sp., Astern	x							x	x				
Astilbe, Prachtspiere									x				
Calendula officinalis, Ringelblume	4–5		x								x		
Callistephus chinensis, Sommeraster	5		x								x		
Caltha palustris, Sumpfdotterblume	He								x				
Campanula sp., Glockenblume	x								x				
Carex morrowii 'Variegata', Japan-Segge									Fr				
Chrysanthemum frutescens, Strauchmargerite								x					
Chrysanthemum parthenium, Wucherblume	2–3												
Cleome spinosa, Spinnenblume	x		x	3–4									
Coreopsis grandiflora, großblütiges Mädchenauge								x	x				
Cortaderia selloana, Pampasgras	x								x				Winterschutz
Delphinium-Hybriden, Rittersporn	x							x	x				
Dianthus barbatus, Bartnelke	5–7		x										
Dicentra spectabilis, Tränendes Herz									x				
Digitalis purpurea, Roter Fingerhut	He												

Fr = Frühjahr; He = Herbst; Wi = Winter

79

Stauden, Sommerblumen und Kräuter

Botanischer/deutscher Name	Aussaat	Ausläufer	überw. einjähr.	Gewächshaus	Meristem	Schößling	Sporen	Steckling	Teilung	Tochterrosette	Vorz. unt. Glas	Schnittling	Bemerkungen
Doronicum orientale, Gemswurz, 'Margerite'	(x)								x				
Dryopteris filix-mas, Gemeiner Wurmfarn							x		x				
Echinacea purpurea, Purpur-Sonnenhut	(x)								x				schwierig
Eryngium alpinum, Alpendistel	x										x		
Euphorbia sp., Wolfsmilcharten	x							x	x				
Filipendula sp., Mädesüß									x				
Galium odoratum, Waldmeister	x								x				schattig pflanzen
Gentiana sp., Enzianarten	x								x				
Geranium sp., Storchschnabelarten	x								x				
Gypsophila, Schleierkraut	x							x					keine Nässe
Helianthemum-Hybriden, Sonnenröschen								x					
Helianthus annuus, Sonnenblume	4–5		x										
Helichrysum bracteatum, Strohblume	4–5		x 3–4										
Helleborus-Hybriden, Christrose, Nieswurz	x								x				
Hemerocallis-Hybriden, Taglilie									x				
Hosta, Funkien	(x)								x				
Hypericum perforatum, Johanniskraut	x	x											
Impatiens-Hybriden, Fleißiges Lieschen, Balsamine			x 2–3										20–24° C
Lathyrus odoratus, Wicke	4		x 2–4										
Liatris spicata, Prachtscharte									x				
Ligularia, Ligularie, Goldkolben	x								x				
Linum narbonense, Stauden-Lein	x							8					
Lobelia erinus, Männertreu	x		2–4										

Fr = Frühjahr; He = Herbst; Wi = Winter

Stauden, Sommerblumen und Kräuter

Botanischer/deutscher Name	Vermehrung												Bemerkungen
	Aussaat	Ausläufer	überw. einjähr.	Gewächshaus	Meristem	Schößling	Sporen	Steckling	Teilung	Tochterrosette	Vorz. unt. Glas	Schnittling	
Lupinus-Polyphyllus-Hybriden, Lupine	x								x				
Lychnis chalcedonica, Brennende Liebe	x								x				
Matteuccia struthiopteris, Trichterfarn		x											
Mentha x piperita, Pfefferminze	x	x							x				
Miscanthus sinensis, Chinaschilf	x				x				x				sonniger Stand
Monarda-Hybriden, Indianernessel								x	x				
Myosotis sylvatica, Vergißmeinicht	6–7												
Nepeta racemosa, Katzenminze								5	x				keine Nässe
Nicotiana sylvestris, N. tabacum, (Zier-)Rauchtabak	x			3									
Osmunda regalis, Königsfarn							6						
Paeonia lactiflora, Pfingstrose, Edelpäonie									He				
Panax, Ginseng	9–3												Winterschutz
Papaver orientale, Türkischer Mohn	x										x		
Papaver somniferum, Schlafmohn	x												
Pennisetum alopecuroides, Lampenputzergras									x				
Penstemon-Hybriden, Bartfaden	x			2				10					empfindlich
Petroselinum hortense, Petersilie	x												
Phlox paniculata, Phlox								x	x		x		
Pimpinella anisum, Anis	x												
Polygonum sp., Knötericharten								x	x				
Primula sp., Primeln, Schlüsselblumen	Wi								x		x		
Pulsatilla vulgaris, Küchenschelle	He												
Rudbeckia fulgida, Rudbeckie, Sonnenhut	x								x				

Fr = Frühjahr; He = Herbst; Wi = Winter

Stauden, Sommerblumen und Kräuter

Botanischer/deutscher Name	Vermehrung												Bemerkungen
	Aussaat	Ausläufer	überw. einjähr.	Gewächshaus	Meristem	Schößling	Sporen	Steckling	Teilung	Tochterrosette	Vorz. unt. Glas	Schnittling	
Rudbeckia hirta, Sonnenhut	x			3–4									
Salvia, Salbei	x			3–4				He					
Saxifraga, Steinbrech								x	x				
Sedum, Fetthenne								x	x				leichte Bewurz.
Sempervivum, Dachwurz, Hauswurz										x			wärmeliebend
Solidago-Hybriden, Goldrute									x				
Symphytum, Beinwell		x							x				
Tagetes, Studentenblume	5		x	2–4									
Thunbergia alata, Schwarzäugige Susanne	x			3									wärmebedürftig
Thymus vulgaris, Thymian	x							x					
Trollius-Hybride, Trollblume									3–4				
Valeriana officinalis, Baldrian	x												
Verbascum bombyciferum, Königskerze	He												
Veronica, Ehrenpreis	x								x				sonniger Platz
Vinca minor, Kleines Immergrün									x				einfach
Viola-Wittrockiana-Hybriden, Stiefmütterchen	6–7												
Waldsteinia geoides, Waldsteinie									x				
Waldsteinia ternata, Teppich-Walsteinie		x									x		schattig
Yucca filamentosa, Palmlilie	x					x							

Fr = Frühjahr; He = Herbst; Wi = Winter

Gemüse- und
Kräuterpflanzen

Gemüse wird in Privatgärten besonders häufig gezogen. In erster Linie werden diese Pflanzen einjährig aus Samen kultiviert. Man sät häufig schon im Spätwinter oder Frühjahr in einen frostfreien Kasten oder im Glashaus oder sogar auf der Fensterbank eines hellen Wohnzimmerfensters aus. **Vor der Aussaat** im Frühjahr muß das Saatbeet vorbereitet werden. Man sollte es nicht dort anlegen, wo schon mehrere Jahre die gleichen Arten angebaut worden sind. Mit einem Fruchtwechsel läßt sich einem Minderertrag oder einem Kümmern der Pflanzen wegen der sogenannten »Bodenmüdigkeit« vorbeugen.

Im vorausgehenden Herbst sollte man den Boden lockern und lüften (umgraben oder grubbern); besonders auf leichten und sandigen Böden kann Kompost oder abgelagerter Pferdemist eingearbeitet werden. Im Frühjahr oder vor der Aussaat wird nur noch die obere Bodenschicht gelockert. In vorbereitete Beete – die günstigste Breite liegt bei etwa 1 m – sät man auf gewünschte Art aus. Wenn nach dem Auflaufen nicht mehr pikiert werden soll, muß man gleich auf die gewünschten Abstände achten. Allerdings sollte man dann die Keimfähigkeit des Saatgutes berücksichtigen, um keinen Platz durch zu große Abstände zu verschenken. Bei sehr feinem Saatgut ist es kaum möglich, die gewünschten Abstände einzuhalten. Man kann in diesem Fall die feinen Samen mit Sand vermischen und dann das Gemisch aussäen. Dadurch liegen die Samen nicht zu dicht.
Von einigen Arten, wie zum Beispiel von Zwiebeln oder Möhren, ist auch pilliertes

Für Zwiebeln und Möhren gibt es pilliertes Saatgut

Saatgut im Handel (siehe Seite 23). Dieses ist zwar teurer, läßt sich jedoch exakt ausbringen, ebenso Saatgut, das in Saatbändern eingelagert ist.

Wo es möglich ist, sollte in **Reihen** gesät werden. So ist nicht nur die spätere Bodenbearbeitung einfacher (siehe auch Seite 27), sondern auch die gewünschte Samentiefe und die Abdeckung lassen sich genauer ausführen. Die Reihen werden mittels einer Abspannschnur parallel zum Beet angelegt. Der **Reihenabstand** richtet sich nach der Gemüseart. Gewöhnlich sät man 2–4 cm tief, abhängig von der Samengröße und dem Boden – in leichten Böden lieber etwas tiefer. Nach dem Aussäen wird mit Erde abgedeckt und leicht angedrückt, üblicherweise mit dem Rücken der Harke. Wenn der Samen Bodenschluß hat und das Substrat feucht ist, keimt er am besten. Nach dem Auflaufen wird – falls erforderlich – sortenentsprechend ausgedünnt.

Bei breitwürfiger Aussaat, üblich bei sehr feinkörnigem Saatgut – die auflaufenden Pflanzen müssen oftmals pikiert werden –, muß man die Samen auch in den Boden einarbeiten und ebenfalls leicht andrücken. Einige Gemüsepflanzen werden in **Horsten** angelegt. Die Horste bestehen aus etwa drei bis fünf Samen. Üblich ist dieses Verfahren zum Beispiel bei Busch- und Stangenbohnen sowie bei Gurken. Man kann den Samen auch vorquellen und dadurch die Keimfähigkeit erhöhen. Allerdings sollte der Boden in diesem Fall nach der Aussaat nicht wieder abtrocknen, damit dieser Vorteil nicht wieder zunichte wird. Besonders empfindliche oder wärmebedürftige Gemüsearten und Kräuter sollte man in Töpfen, Aussaatgefäßen oder im Kasten schon ab Spätwinter ziehen. Sie werden nach dem Abhärten (siehe Seite 29)

Bei Stangenbohnen werden die Samen in Horsten angelegt

bei geeignetem Wetter ins Freiland gepflanzt (zum Beispiel Tomaten, Gurken, Zucchini, Grünkohl) oder in Töpfen oder im Gewächshaus weiterkultiviert (beispielsweise Melonen, empfindlichere F1-Hybrid-Gurken, Tomatensorten, Auberginen, Gemüsepaprika). Jeweils im nächsten Jahr neu ausgesät werden müssen einjährige Kräuter, ebenso nicht winterharte, wenn sie im Freiland wachsen. Wertvolle frostempfindliche Pflanzen (Rosmarin, Gewürzlorbeer, Weinraute) sollte man entweder unter Glas oder in Töpfen kultivieren. So können sie auch problemlos überwintert werden.

Aussaat von Gemüse

Deutscher/botanischer Name	Aussaatmonat	warme Vorkultur empfehlenswert	mehrjährige Kultur möglich	Kultur unter Glas oder Folie	Bemerkungen
Andenbeere, *Physalis peruviana*	2,3	x	x		
Artischocken, *Cynara cardunculus*	2,3	x			
Auberginen, *Solanum melongena*	2,3 (4)	x			
Blattsalat, *Lactua sativa* var. *crispa*	(3) 4,5				
Bleichsellerie, *Apium graveolens* var. *dulce*	2–4	x			
Blumenkohl, *Brassica oleracea* var. *botrytis*	2,3/4,5				
Brokkoli, *Brassica oleracea* var. *italica*	3,4/5,6	1			
Buschbohnen, *Phaseolus vulgaris* var. *nanus*	Mitte 5	1			Horstsaat
Chicorée, *Cichorium intybus* var. *foliosum*	Ende 5				10 roden, antreiben
Chinakohl, *Brassica rapa* ssp. *pekinensis*	Frühjahr				auspflanzen ab 7
Dicke (Puff-)Bohnen, *Vicia faba*	3,4				
Eissalat, *Lactuca sativa* var. *capitata*	1–4	x			auspflanzen ab 5
Endivie, *Cichorium endivia*	6				pikieren
Erbsen, *Pisum sativum*	(3) 4,5				
Feldsalat, *Valerianella locusta*	7–9				kalkliebend
Feuerbohnen, *Phaseolus coccineus*	Ende 5–6				Horstsaat
Grünkohl, *Brassica oleracea* var. *sabellica*	3,4/5	1			pikieren bis 7
Gurken, *Cucumis sativus*	3–5				auspflanzen ab Ende 5
Honigmelone, *Cucumis melo*	12–2			x	

Aussaat von Gemüse

Deutscher/botanischer Name	Aussaatmonat	warme Vorkultur empfehlenswert	mehrjährige Kultur möglich	Kultur unter Glas oder Folie	Bemerkungen
Knollenfenchel, *Foeniculum vulgare* var. *azoricum*	4,5/6,7	1			
Knollensellerie, *Apium graveolens* var. *rapaceum*	2,3/5,6	1			
Kohlrabi, *Brassica oleracea* var. *gongylodes*	12–2/2–5	1			
Kopfsalat, *Lactuca sativa* var. *capitata*	12–2/4–5	1			
Kürbis, *Cucurbita pepo*	3,4/Ende 5	1			Horstsaat 2
Lauchzwiebeln, *Allium fistulosum*	3–7				vereinzeln
Mangold, *Beta vulgaris* var. *cicla*	4–6				
Pak-Choi-Kohl, *Brassica rapa* ssp. *chinensis*	(6) 7				vereinzeln
Paprika, *Capsicum annum*	1–5				wärmeliebend
Porree, *Allium porrum*	2,3/4,5	1			
Radicchio, *Cichorium intybus* var. *foliosum*	5–7				vereinzeln
Radieschen, *Raphanus sativus* var. *sativus*	10–3/4–9			1	Freiland 2
Rettich, *Raphanus sativus* var. *niger*	(4) 5–8				
Rosenkohl, *Brassica oleracea* var. *gemmifera*	3/4,5	1			
Rote Bete, *Beta vulgaris* var. *conditiva*	5,6				Freiland, vereinzeln
Rotkohl, *Brassica oleracea* var. *capitata ruba*	2,3/4,5	1			
Schlangengurken F1, *Cucumis sativus*	2–4			x	

Aussaat von Gemüse

Deutscher/botanischer Name	Aussaatmonat	warme Vorkultur empfehlenswert	mehrjährige Kultur möglich	Kultur unter Glas oder Folie	Bemerkungen
Schnittsellerie, *Apium graveolens* var. *secalinum*	2–4/5,6	1			
Schwarzwurzeln, *Scorzonera hispanica*	3–5				Freiland
Spinat, *Spinacia oleracea*	2,3/9			1	Freiland 2
Spitzkohl, *Brassica oleracea* var. *capitata*	2,3/4,5	1			
Stangenbohnen, *Phaseolus vulgaris* var. *vulgaris*	Ende 5				Horstsaat
Tomaten, *Lycopersicon lycopersicum*	2–4			x	
Wassermelonen, *Citrullus lanatus*	2–4				wärmeliebend
Weißkohl, *Brassica oleracea* var. *capitata f. alba*	2,3/4,5	1			
Wirsingkohl, *Brassica oleracea* var. *sabauda*	2,3/4,5	1			
Wurzeln, Möhren, Karotten, *Daucus carota*	(3) 4–7				
Zucchini, *Cucurbita pepo* var. *giromontiina*	2–4/Ende 5	1			
Zuckermais, *Zea mays convar. saccharata*	Ende 5				Horstsaat
Zwiebeln, *Allium cepa*	3–5/Mitte 8				Ernte im Folgejahr 2

Knollen- und Zwiebelpflanzen

Knollen- und Zwiebelpflanzen lassen sich generativ aus Samen und vegetativ aus Pflanzenteilen vermehren. Sortenecht und schneller gelingt es meistens auf vegetativem Wege, am einfachsten durch Knollen- und Rhizomteilung, Brutzwiebeln, Brutknollen, Bulben und Stecklinge. Wichtig ist, stets mit größter Sauberkeit zu arbeiten. Werden kranke Pflanzenteile angeschnitten, können die Krankheiten mit dem Messer auf gesundes Gewebe übertragen werden. Im Zweifelsfalle sollte man daher unbedingt das Messer desinfizieren. Große Schnittstellen können am besten durch Bestäuben mit Holzkohlepulver geschützt werden.

Pflanzen, die in ihrer Vegetationsruhe vermehrt werden, müssen ausgereift sein. Das ist meistens daran zu erkennen, daß sie vollständig eingezogen haben. Das manchmal unansehnliche Laub von Zwiebel- und

Knollenpflanzen sollte man nach der Abblüte nicht abschneiden. Es muß an der Pflanze verbleiben, weil die in den Blättern enthaltenen Aufbau- und Reservestoffe in den Wurzelbereich zurückfließen und diesen stärken und ebenfalls ausreifen lassen. Nur dann kann man befriedigende Ergebnisse bei der Vermehrung dieser Pflanzen erwarten.

Knollenteilung oder Knollenvereinzelung

Verschiedene Pflanzen lassen sich nach dem Einziehen im Winter einfach durch Knollenteilung oder Knollenvereinzelung vermehren. So werden diese Pflanzenorgane beim Winterling *(Eranthis)* oder auch bei der bekannten Kartoffel *(Solanum tuberosum)* in Teile zerschnitten, wobei an jedem Teilstück zumindest ein Auge (Knospe) verbleiben muß. Bei Kartoffeln genügt oft sogar nur die abgeschälte Schale, um daraus neue Pflanzen anzuziehen. Dahlien *(Dahlia-*Hybriden) setzen im Laufe der Vegetationszeit mehrere Knollen an, diese werden vorsichtig vereinzelt. Die Knospe darf dabei nicht abbrechen. Auch Kartoffeln können auf diese Weise vermehrt werden.

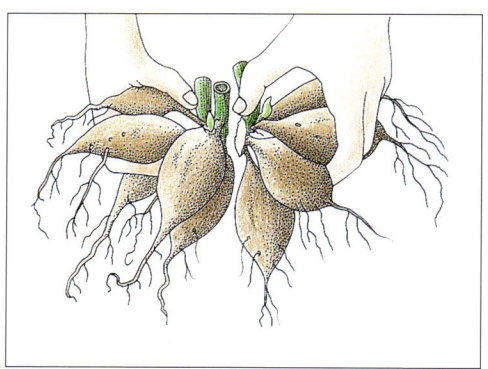

 Will man Dahlien vermehren, schneidet man die Knollenbüschel in Teilstücke, die mindestens ein Auge aufweisen müssen

Rhizomteilung

Durch Rhizomteilung werden Pflanzen wie Iris *(Iris)*, Maiglöckchen *(Convallaria)*, Fackellilie *(Kniphofia)* und Spargel *(Asparagus)* vermehrt. Dazu gräbt man die Pflanzen im Spätsommer aus und schneidet sie in Stücke.

Jeder Sproß, aus dem eine neue Pflanze hervorgehen soll, muß mindestens eine Knospe aufweisen. Nur unter dieser Bedingung ist ein Austreiben möglich.

Die kleinen Brutzwiebeln kann man einfach von der Mutterpflanze abtrennen und dann einpflanzen

Brutzwiebeln

Bei Zwiebelgewächsen ist die Ausbildung von Brutzwiebeln sehr verbreitet. Dabei handelt es sich um größere oder kleine Tochterzwiebeln, die sich in großer oder geringerer Anzahl um die Zwiebelbasis bilden. Große, allerdings nur wenige Brutzwiebeln bildet die Narzisse *(Narcissus)*, die Tulpe *(Tulipa)* und die Hauszwiebel *(Allium cepa)*, während Blausternchen *(Scilla)*, Schachbrettblume *(Fritillaria meleagris)*, Blutblume *(Haemanthus)*, Präriekerze *(Camassia)* und auch die Hyazinthe *(Hyacinthus)* mehrere, aber kleine Tochterzwiebeln bilden. Insbesondere bei Hyazinthen und bei Kaiserkronen *(Fritillaria imperialis)* läßt sich die Bildung dieser kleinen Zwiebeln noch fördern. Dazu schneidet man den Zwiebelboden vor dem Pflanzen mehrfach quer mit einem Messer ein. Man kann die Zwiebeln auch falsch herum, mit dem Boden nach oben, einpflanzen. Dadurch wird die Brutzwiebelbildung noch zusätzlich gefördert.

Tochterzwiebeln werden nach dem Einziehen des Laubes von der Mutterpflanze abgenommen und sogleich gepflanzt. Man kann sie aber auch trocken lagern und später in die Erde bringen. Ein nächstjähriges Blühen ist jedoch nicht immer zu erwarten – es können auch zwei oder drei Jahre vergehen.

Brutknollen

Brutknollen sind Brutzwiebeln ähnlich. Sie unterscheiden sich lediglich in der Struktur ihres Gewebes. Während Zwiebeln aus mehreren Schichten fleischiger, blattähnlicher Schalen oder Schuppen bestehen, die Wasser und Nährstoffe gespeichert haben, den Stengel sowie Blatt- und Blütenanlagen umschließen und vom Zwiebelboden zusammengehalten werden, sind bei Brutknollen die Schalen zu einem Gewebe zu-

Krokusse bilden Brutknollen

sammengewachsen, das den gleichen
Zweck erfüllt. In ihm ist der Trieb.
Vergleichbar den Brutzwiebeln bilden
Pflanzen wie Krokus *(Crocus)*, Ranunkel
(Ranunculus), Hundszahn *(Erythronium)*,
Herbstzeitlose *(Colchicum)*, und die Zigeu-
nerblume *(Sparaxis*-Hybriden) Brutknollen.
Bei der Vermehrung von Pflanzen durch
Brutknollen müssen die Mutterpflanzen
während der Vegetationszeit sehr gut er-
nährt werden und vollständig ausreifen.
Andernfalls bleiben die Brutknollen sehr
klein und sind anfällig gegen Kulturfehler.

Bulben

Etwas Besonderes ist die Vermehrung aus
Bulben. Manche Lilien bilden in den Blatt-
achseln oder an unterirdischen Stengeltei-
len kleine Zwiebeln aus, die sogenannten
Bulben. Diese werden im Herbst vorsichtig
ausgebrochen und bis zum Frühjahr in Torf
oder Anzuchterde gelagert. Dann pflanzt
man sie an der vorgesehenen Stelle oder
zieht sie in einem Töpfchen vor.

Stecklinge

Einige Sorten lassen sich einfach und sortenecht durch Stecklinge anziehen. Im
kommerziellen Gartenbau werden in großem Stil Dahlien auf diese Weise angezogen. Die Knollen werden im Winter ange-
trieben. Nachdem die Triebe eine Länge
von 10–20 cm erreicht haben, trennt man
sie ab und steckt sie unter Glas. Dabei darf
man nicht alle Triebe abschneiden beziehungsweise bis zur Basis entfernen; die
Mutterpflanze muß sich von dem Eingriff
auch wieder erholen können.

Lilienbulben

Aussaat

Auch durch Aussaat können viele Arten
vermehrt werden. Allerdings gehen dadurch unter Umständen manche angezüch-
teten Sorteneigenschaften verloren. Das im
Sommer oder Herbst geerntete Saatgut
wird gereinigt, getrocknet und in Tüten
oder verschließbaren Gläsern gelagert. Im
Frühjahr oder Sommer sät man in einen
Kasten oder direkt ins Freiland aus. Manche Arten sind Frost- beziehungsweise
Kaltkeimer. Diese sollten schon im Herbst
ausgesät oder zuvor stratifiziert werden
(siehe Seite 26). Im ersten Jahr entwickeln
sich die Pflanzen oft nur spärlich. Ein
erstes Blühen läßt nicht selten zwei Jahre
oder länger auf sich warten.

Knollen- und Zwiebelpflanzen

Botanischer/deutscher Name	Vermehrungsart											Bemerkungen
	Aussaat	Blattsteckling	Brutknolle	Brutzwiebel	Kindel	Knollenteilung	Nebenknollen	Rhizomteilung	Steckling	Teilung	Wurzelknoll.	
Acidanthera, Sterngladiole			x									April/Mai
Acorus, Kalmus										x		
Agapanthus, Schmucklilie	(x)									x*		*Februar/März
Allium, Zwiebel, Zierlauch	x			x*								*Herbst
Alstroemeria, Inkalilie	x**							x*				*Frühjahr, kühl lagern
Anemone, Windröschen	x									x	x	Herbst, Frühjahr
Arum, Aronstab	x		x									
Begonia, Begonie	x					x			x			
Belamcanda, Leopardenblume	x							x				
Bletilla striata, Japanorchidee								x				
Camassia, Prärielilie	x			x								
Canna, Blumenrohr	(x)							x*				*Winter, Frühjahr
Chionodoxa, Schneeglanz	x			x								
Clivia, Klivie					x							Frühjahr, Sommer
Colchicum, Herbstzeitlose	x		x									
Convallaria majalis, Maiglöckchen								x				Herbst–Frühjahr
Crinum, Hakenlilie				x								
Crocus, Krokus	(x)		x*									*Sommer
Crocus sativus, Safrankrokus			x									
Cyclamen, Alpenveilchen	x											
Dahlia, Dahlie, Georgine	x					x			x			
Dracunculus, Drachenwurz	x						x					
Eranthis, Winterling	x					x						
Eremurus, Steppenkerze	x									x*		*Sommer
Erythronium, Hundszahnlilie			x									Sommer, sofort pflanz.
Eucomis, Schopflilie	x			x*								Herbst
Freesia, Freesie	(x)		x									
Fritillaria imperialis, Kaiserkrone				x								Spätsommer
Fritillaria meleagris, Schachbrettblume	(x)			x*								*Herbst

Knollen- und Zwiebelpflanzen

Botanischer/deutscher Name	Aussaat	Blattsteckling	Brutknolle	Brutzwiebel	Kindel	Knollenteilung	Nebenknollen	Rhizomteilung	Steckling	Teilung	Wurzelknoll.	Bemerkungen
Galanthus, Schneeglöckchen	(x)			x								
Gladiolus, Gladiole			x							x		
Haemanthus, Blutblume				x								
Helianthus tuberosus, Topinambur						x						Herbst–Frühjahr
Hyacinthus, Hyazinthe				x								
Ipheion, Sternblume				x								
Iris, Iris	x**			x*								*Sommer–Herbst, **Som.
Kniphofia, Fackellilie								x				
Leucojum vernum, Märzbecher	x			x								
Liatris, Prachtscharte	x									x*		*Frühjahr
Lilium, Lilie	x			x								auch Bulben
Muscari, Traubenhyazinthe	x			x								
Narcissus, Narzisse				x								
Oxalis, Klee, Glücksklee	x			x								
Puschkinia, Puschkinie	x**			x*								*August, **Sommer
Ranunculus asiaticus, Ranunkel	(x)*			x								*Oktober–März unter Glas
Scilla, Blausternchen	x			x								
Sinningia, Gloxinie		x										Sommer
Sparaxis, Zigeunerblume	x		x									
Sternbergia, Goldkrokus				x								Juni
Tigrida, Tigerblume	x*			x								*Frühjahr
Triteleia, Frühlingsstern	x*			x								*Herbst
Tulipa, Tulpe	(x)*			x								*Wildtulpen

Kübel- und Zimmerpflanzen

Als **Kübelpflanzen** bezeichnet man Pflanzen, die in recht großen Gefäßen stehen, gewöhnlich nicht winterhart sind und daher in einem geeigneten Raum überwintert werden müssen. Auch die Pflanzen, die aus den Samen der immer häufiger angebotenen exotischen Früchte angezogen werden, zählen nach dieser Definition überwiegend zu den Kübelpflanzen.

Bei **Zimmerpflanzen** handelt es sich in der Regel um Blüten- oder Grünpflanzen, meist tropischer Herkunft, die in kleinen Töpfen im warmen Wohnbereich kultiviert werden.

Die Zimmeraralie *(Schefflera)* kann über Stecklinge vermehrt werden

Sehr viele Kübel- und Zimmerpflanzen werden vegetativ angezogen, weil auf diese Weise die bekannten Eigenschaften der Mutterpflanze erhalten bleiben und die Anzucht schnell möglich ist. Aus **Stecklingen** angezogen werden die Zimmeraralie *(Schefflera)*, der Katzenschwanz *(Acalypha)*, die Goldtrompete *(Allamanda)*, die Wachsblume *(Hoya)*, das Buntblatt *(Caladium)*, Feigenarten *(Ficus benjamina, Ficus lyrata, Ficus elastica, Ficus carica* und andere), Oleander *(Nerium)*, Granatapfel *(Punica)*, der Mittelmeerschneeball *(Viburnum tinus)*, die Engelstrompete *(Datura, Brugmansia)* und die Lagerstroemie beziehungsweise Kreppmyrte *(Lagerstroemia)*.

Xenovegetativ, also durch **Veredelung** werden die meisten Zitrusarten vermehrt sowie der Kakibaum *(Diospyros kaki)*, die Wollmispel *(Eriobotrya japonica)*, die großfruchtige Jujube *(Ziziphus jujuba)*, die Weiße Maulbeere *(Morus alba)* mit ihren wohlschmeckenden großen Früchten und verschiedene Akazien *(Acacia)*.

Auch durch **Aussaat** werden verschiedene Arten angezogen. Dazu gehören viele Leguminosen wie der Korallenstrauch *(Erythrina crista-galli)*, der Seidenbaum (Albizia), der Paradiesvogelbusch *(Caesalpinia)*, die *Calliandra* und die Sesbanie *(Sesbania)*, außerdem die Brasilianische

Ananasvermehrung

Zur Vermehrung der Ananas *(Ananas comosus)* trennt man von der reifen Frucht den Blattschopf ab, befreit ihn vom Fleisch und den unteren Blättern und pflanzt ihn in durchlässige Pflanzerde. Erfolgt die Weiterkultur bei 25–30°C und hoher Luftfeuchtigkeit, beginnt die Rosette schon bald auszutreiben und sehr dekorativ weiterzuwachsen.

Wollmispeln (Eriobotrya japonica) werden durch Veredelung vermehrt

Guave *(Acca sellowiana)* – besondere Sorten hiervon jedoch durch Stecklinge oder Veredelungen –, die Jacaranda, der falsche Palisanderbaum und Zierbananen *(Ensete ventricosum, Musa* sp.), die Zimmeresche *(Radermachera)* sowie Palmen wie die Phoenixpalme *(Phoenix* sp.) und die Washington- oder Petticoatpalme *(Washingtonia)* sowie der Palmfarn *(Cycas revoluta)*. Sehr wichtig bei der Anzucht dieser Pflanzen ist ein warmes Substrat (20–24°C) und im allgemeinen hohe Luftfeuchtigkeit.

Das gilt auch für die Anzucht von Pflanzen aus Samen exotischer Früchte. Der dicke Kern der Avocado wird der Frucht entnommen und über einem mit Wasser gefüllten Gefäß befestigt. Nach 4–6 Wochen bilden sich erste Wurzeln; anschließend wird der Samen getopft. Schon bald wächst daraus eine ansehnliche Pflanze. Litschikerne muß man vor dem Auspflanzen in

ein Anzuchtsubstrat gründlich reinigen und möglichst desinfizieren, weil sie sonst leicht faulen können. Die jungen Keimlinge müssen dabei überaus vorsichtig behandelt werden.

Das Substrat sollte möglichst steril sein, weil Bodenpilze die Pflänzchen sonst schnell vernichten können. Auch aus den gereinigten Samen verschiedener Passionsfrüchte (Granadilla, Maracuja, Curube) kann man in 22–24°C warmem Substrat ansehnliche Rankpflanzen heranziehen. Die Chayote *(Sechium edule)* wird als ganze Frucht einfach 2 cm tief in ein mit Erde gefülltes Gefäß gelegt. Bei Zimmertemperatur treibt die Chayote bald aus. Die vielen Kerne der Cherimoya keimen zu einem hohen Anteil, wenn sie frisch ausgesät werden. Die Pflanzen lassen sich gut in einem Zimmer halten. Werden sie größer, gebührt ihnen ein Platz im Wintergarten, im Sommer im Freien. Zufriedenstellend keimen auch die Samen der Guave *(Psidium guajava)*. Wird die daraus wachsende Pflanze in der Übergangzeit unter Glas, im Sommer im Freien in nahrhafter Erde ge-

Avocadosämling

halten, kann sie schon nach drei Jahren blühen und, mit etwas Glück, auch fruchten. Die Sämlingsfrüchte werden nicht sehr groß, jedoch duften sie bei Reife sehr intensiv und angenehm. Ebenso erfolgreich lassen sich Samen aussäen von der Sternfrucht *(Averrhoa carambola)*, dem Melonenbaum *(Carica papaya)*, der Baumtomate *(Cyphomandra)* und manch anderen exotischen Früchten.

Pflanzen, die aus Zitruskernen angezogen werden, kann man als Veredelungsunterlagen benutzen.

Kübelpflanzen und Zimmerpflanzen, die aus Samen vermehrt werden können

Von den mit * gekennzeichneten Pflanzen sind gelegentlich Früchte im Angebot, denen die Samen entnommen werden können:

Schönmalve *(Abutilon)*, Mimose, Akazie *(Acacia)*, Kupfer- oder Nesselblatt *(Acalypha wilkesiana)*, Brasilianische Guave *(Acca)**, Schmucklilie *(Agapanthus)*, Seidenbaum *(Albizia)*, Cherimoya *(Annona cherimola)**, Flamingoblume *(Anthurium scherzerianum)*, Erdnuß *(Arachis hypogaea)**, Araukarie, Zimmertanne *(Araukaria)*, Ardisie *(Ardisia crispa)*, Jackfruchtbaum *(Artocarpus heterophyllus)**, Goldorange *(Aucuba)*, Sternfrucht, Karambola *(Averrhoa)**, Paradiesvogelbusch *(Caesalpinia)*, Zylinderputzerstrauch *(Callistemon)*, Kamelie, Tee *(Camellia)*, Kapern *(Capparis spinosa)*, Papaya *(Carica papaya)**, Natalpflaume *(Carissa)*, Kassie, Gewürzrinde *(Cassia)*, Trompetenbaum *(Catalpa)*, Hammerstrauch *(Cestrum)*, Zwergpalme *(Chamaerops)*, Orangenblume *(Choisya)*,

Zitrusarten *(Citrus)**, Kokospalme *(Cocos)**, Kaffee *(Coffea)*, Zuckermelone *(Cucumis melo)**, Palmfarn *(Cycas)*, Papyrusstaude *(Cyperus papyrus)*, Baumtomate *(Cyphomandra)**, Engelstrompete *(Datura)*, Kaki, Ebenholz *(Diospyros)**, Durian, Stinkfrucht *(Durio zibethinus)**, Zierbanane *(Ensete ventricosum)*, Wollmispel, Loquat *(Eriobotrya)**, Korallenstrauch *(Erythrina)*, Eukalyptus *(Eucalyptus)*, Pitanga *(Eugenia uniflora)*, Feigenarten *(Ficus)**, Fuchsienarten *(Fuchsia)*, Jakaranda, Falscher Palisanderbaum *(Jacaranda)*, Jasmin *(Jasminum)*, Kreppmyrte, Lagerstroemia *(Lagerstroemia)*, Wandelröschen *(Lantana)*, Lorbeer *(Laurus)*, Litschipflaume *(Litchi chinensis)**, Macadamianuß *(Macadamia tetraphylla)**, Magnolie *(Magnolia)*, Mango *(Mangifera indica)**, Zierbananenarten *(Musa sp.)*, Chinesischer Bambus *(Nandina)*, Rambutan *(Nephelium lappaceum)**, Ochna, Nagelbeere *(Ochna)*, Olive *(Olea)**, Kaktusfeige *(Opuntia ficus-indica)*, Passionsblume *(Passiflora)*, Avokado *(Persea americana)**, Dattelpalme *(Phoenix)**, Mastixstrauch, Pistazie *(Pistacia)*, Klebsame *(Pittosporum)*, Guave *(Psidium guajava)**, Granatapfelbusch *(Punica)**, Chayote (ganze Frucht auslegen) *(Sechium edule)**, diverse Nachtschattenarten *(Solanum)**, Zimmerlinde *(Sparmannia)*, Paradiesvogelblume *(Strelitzia)*, Kakao *(Theobroma cacao)*, Thevetie, Gelber Oleander *(Thevetia)*, Tibouchina *(Tibouchina)*, Hanfpalme *(Trachycarpus)*, Petticoatpalme *(Washingtonia)*, Jujube *(Ziziphus)**

Bonsai, Hydrokultur, Farne, Meristem

In diesem Kapitel werden einige Besonderheiten in der Anzucht von Bonsaipflanzen und von Pflanzen beschrieben, die für
eine Hydrokultur bestimmt sind, ferner die
Vermehrung von Farnen und schließlich
die Grundzüge der Pflanzenvermehrung
aus Meristemkultur. Letztere kommt für
den normalen Hobbygärtner allerdings
kaum in Frage.

Bonsaipflanzen

Grundsätzlich unterscheiden sich Pflanzen,
die im Kübel oder Freiland wachsen, nicht
von denen, die als Bonsai gezogen werden.
In der Regel bewirkt lediglich die Art des
Kultivierens den schwachen, gedrungenen
Wuchs und die oftmals verfrühten
Altersformen der Bonsaipflanzen. Im Rah-
men dieses Buches wird die Anzucht von
Bonsaipflanzen vorgestellt, nicht jedoch die
Kulturarten, die Schneidetechnik und die
Pflege.
Zur Anzucht aus Samen sind viele heimische Gehölze geeignet. Normalerweise
können solche Pflanzen mindestens
50 Jahre alt werden. Angezogen werden sie
in Gefäßen. Nach zwei Kulturjahren kann
man ihre Haupt- oder Pfahlwurzel zurückschneiden. Dadurch wird die Ausbildung
von Faserwurzeln angeregt. Im nächsten
Jahr wird dann erstmals der oberirdische
Teil der Pflanze nach den Erfordernissen
und Vorstellungen des Kultivateurs be-
schnitten.

Das Aussehen des Stamms und das aus-
geprägte Wuchsbild lassen vermuten, daß diese
Bonsai-Fichte schon relativ alt ist

Pflanzen, aus deren Samen Bonsais gezogen werden können

Feldahorn *(Acer campestre)* und
andere Ahornarten, Erlen *(Alnus)*,
Sandbirke *(Betula pendula)*, Hainbuche
(Carpinus betulus), Rotbuche *(Fagus syl-
vatica)*, Hongkongkumquat *(Fortunella
hindisii)*, Esche *(Fraxinus excelsior)*,
Gemeiner Wacholder *(Juniperus com-
munis)*, Europäische Lärche *(Larix deci-
dua)*, Apfel *(Malus)*, Maulbeere *(Morus
sp.)*, Olive *(Olea europaea)*, Fichte
(Picea sp.), Kiefer *(Pinus sp.)*, Granatapfel *(Punica granatum)*, Birne *(Pyrus)*,
Stieleiche *(Quercus robur)*, Eberesche
(Sorbus aucuparia), Speierling *(Sorbus
domestica)*, Eibe *(Taxus baccata)*,
Winterlinde *(Tilia cordata)*

Schneller gelingt die Anzucht, wenn man die zweijährigen Pflanzen im Freiland aufschult und drei Jahre regelmäßig beschneidet. Dann erst nimmt man sie aus dem Boden und setzt sie nach der Bearbeitung in flache Bonsaischalen.

Auch stärker wachsende Arten kann man bei Anzucht aus Samen im Wuchs bremsen. Hier wirken die Anzuchttöpfe mit eingelagertem Sieb zur Unterbindung eines starken Wurzelwachstums Wunder.

Pflanzen für die Hydrokultur

Sollen Pflanzen angezogen oder vermehrt werden, die zur Hydrokultur vorgesehen sind, muß man auf einige Besonderheiten achten. Die Anzucht sollte nicht in organischen Materialien wie Torfsubstraten oder Kompost erfolgen, sondern in anorganischen, damit die Jungpflanzen problemlos auch weiterhin in Wasserkultur gehalten werden können. Reste organischen Ursprungs könnten leicht faulen oder

Hydrokultur-Dieffenbachie

Keimzellen für Krankheiten werden. Hat man die Pflanze doch in organischem Substrat vermehrt, müssen alle Erdbestandteile vor der Umstellung auf Hydrokultur ausgespült werden. Je älter die Pflanze ist und je verzweigter ihr Wurzelwerk, desto schwieriger ist das Ausspülen.

Die Anzuchtwürfel werden in ein Anzuchtgefäß gelegt und mit Wasser solange begossen, bis auf dem Gefäßboden Wasser stehenbleibt. Dieses gießt man nach kurzer Zeit ab. Eine Drainageschicht aus mittelfeinem Kies macht das Abgießen überflüssig. In die Würfel drückt man nun die im unteren Bereich von Blättern befreiten Stecklinge oder die gewünschten Samenkörner hinein. Anschließend wird das Gefäß mit einer Klarsichthaube abgedeckt und hell und warm aufgestellt, idealerweise auf eine thermostatisch regelbare Heizplatte. Man kann die Kultur aber auch in einem entsprechend eingerichteten Vermehrungskasten aufstellen.

Sind die Jungpflanzen oder Keimlinge etwa 10 cm gewachsen, können sie einzeln in Hydrogefäße gesetzt werden. Zuerst sollte

Tips für die Anzucht

Zur Bewurzelung von Stecklingen und zur Anzucht aus Samen eignet sich besonders gut sogenanntes Blumensteckmaterial. Dieses kann bereits konfektioniert vom Fachhandel bezogen werden. Verschiedene Würfelgrößen zum Anziehen von Pflanzen werden angeboten.

Doch auch die Steckquader aus dem Blumenfachgeschäft kann man mit einem Messer leicht in gewünschte Teilstücke zerschneiden.

nur eine schwache Nährlösung verabreicht werden. Hat man die Wurzeln während des Pikierens beschädigt, ist es ratsam, die Pflanzen für einige Zeit weiterhin in Wasser stehen zu lassen.

Pflanzen, die in Anzuchtwürfeln als Hydropflanzen angezogen werden können

Aphelandra, Klimme *(Cissus),* Kroton *(Croton),* Dieffenbachie *(Dieffenbachia),* Gummibaumarten *(Ficus* sp.), Efeu *(Hedera),* Wachsblume *(Hoya),* Myrte *(Myrtus),* Oleander *(Nerium),* Passionsblume *(Passiflora edulis* und andere Arten), Pellionia, Dreimasterblume *(Tradeskantia).*

Farne

Farne werden nicht durch Samen vermehrt, sondern durch **Sporen**. Diese befinden sich als graue oder graubraune staubartige fleckige Ansammlungen unter den Blättern von Zimmer- oder Freilandfarnarten. Im Samenfachhandel sind Sporen sehr vieler Arten erhältlich. Zur Vermehrung werden sie abgeschüttelt beziehungsweise vorsichtig der Tüte entnommen (sie sind sehr fein) und auf ein warmfeuchtes Substrat gebracht. Dieses sollte steril sein, damit sich möglichst keine Schadorganismen bilden. Bei hoher Luftfeuchtigkeit keimen die Sporen nach mehreren Wochen und bilden »Vorkeime« mit männlichen und weiblichen Organen. Dann erfolgt die geschlechtliche Fortpflanzung. Jetzt erst wachsen die kleinen Farnpflänzchen heran. Wenn sie einige Zentimeter groß sind, können sie pikiert werden.

Meristemkultur

Aus nahezu allen lebenden Zellen einer Pflanze läßt sich unter sterilen Bedingungen die Pflanze regenerieren. Unter recht hoher Temperatur wird die Pflanze zum Austrieb angeregt. Aus dem nur 1–2 mm dicken Vegetationskegel, dem Meristemgewebe, entnimmt man mit dem Skalpell kleine Teile. In einem Nährsubstrat vervielfältigen sich die Zellansammlungen und bilden nach einigen Wochen Wundgewebe (Kallus). Hieraus differenzieren sich anschließend Wurzeln. Wenn dann auch Sprossen entstehen, wachsen kleine, mit der Ausgangspflanze identische Klone heran. Diese haben der Mutterpflanze möglicherweise sogar etwas voraus: Sie sind frei von eventuellen Virus- und Bakterienkrankheiten. Die juvenile Phase der Pflanze kann nach dieser Art der Vermehrung ausgeprägter sein. Das bedeutet kräftigeres Wachstum und bei manchen Gehölzen eine ungewöhnliche Bedornung.

Durch Meristemkultur werden von speziellen Labors viele Zimmer- und Nutzpflanzen einschließlich diverser Veredelungsunterlagen angezogen, beispielsweise verschiedene Stauden wie Bambusarten, Chinaschilf, Lilien, Rosen, Orchideen, Palmen, Zitruspflanzen, Pistazien, Wollmispeln, Rhododendren und Obstgehölze.

Pflanzen

vermehren

kinderleicht

Tomaten zählen zum beliebtesten Sommergemüse, besonders bei Kindern. Die selbst geernteten Früchte schmecken köstlich wie Obst. Nicht nur die bekannten Fleischtomaten und die großen runden sind begehrt, auch die kleinen Kirschtomaten und die süßen Cocktailtomaten verwöhnen den Gaumen. Sogar kleine gelbe birnenförmige Tomaten kann man anbauen.

Den besten Geschmack haben sie natürlich, wenn sie von selbst gezogenen Pflanzen stammen. Und das ist gar nicht schwierig. Kinder haben ihre Freude daran, im kalten Winter Samen in kleine Gefäße auszusäen. Diese werden dann auf die Fensterbank gestellt, wo die Samen schnell keimen. Jetzt kann man dem Wachsen zusehen. Aus den kleinen zarten Keimlingen entwickeln sich kräftige Pflänzchen, die in einzelne Töpfe gepflanzt werden, wenn sie etwa 10 cm groß geworden sind. Und im Mai, nach

den Eisheiligen, werden sie an einer geschützten Stelle im Garten ausgepflanzt oder ganz einfach in einen großen Topf in gute Gartenerde gesetzt. So können sich auch auf Balkon oder Terrasse ihre Früchte entwickeln. Größere Tomatenpflanzen müssen gestützt werden.

Wenn man eine besonders kleinfruchtige Sorte wie die **Cocktailtomate** 'Tiny Tim' wählt, kann man sie sogar im Blumentopf an der Fensterbank ziehen und eine Vielzahl schmackhafter Früchte ernten.

Für einen **Tomatenbaum** muß man sich Samen der Baumtomate besorgen. In vielen Obstgeschäften werden auch Früchte dieser Obstart angeboten. Man entnimmt ihnen die Samen, wäscht und trocknet sie und kann gleich mit dem Aussäen beginnen; man muß nicht – wie bei dem zuvor beschriebenen Tomaten – bis zum Winter warten. Der Tomatenbaum benötigt ohnehin mindestens zwei Jahre, bis er zum ersten Mal blüht und Früchte trägt. Dann hat er meistens schon eine stattliche Größe von über 1 m erreicht.

Wer sich ein solches Exemplar heranziehen möchte, muß sich allerdings vorher überlegen, wo die Pflanze im Winter stehen soll. Ideal ist ein Wintergarten oder Gewächshaus. Muß man jedoch mit einer Fenster-

Tomatenanzucht: Im Winter werden die Samen in kleine Gefäße ausgesät

Auf der Fensterbank kann man beobachten, daß die Samen schnell keimen

bank vorlieb nehmen, sollte das Bäumchen im Herbst unbedingt zurückgeschnitten werden.

Recht einfach lassen sich auch aus **Apfel-sinen-** oder **Zitronenkernen** kleine Pflänzchen heranziehen. Solche Pflanzen wachsen recht langsam und entwickeln sich mit der Zeit zu stattlichen, schönen Bäumchen. Auch wenn es meistens viele Jahre dauert, bis der selbstgezogene Apfelsinen- oder Zitronenbaum zum ersten Mal blüht, ist er doch eine sehr ansehnliche Grünpflanze. Doch nicht nur die Vermehrung und Anzucht von Pflanzen aus Samen ist bei Kindern beliebt. Auch das Bewurzeln von Stecklingen ist zuweilen »kinderleicht«.

So ist ein vergessener **Forsythienstrauß** in der Vase die reinste Pflanzen-Kinderstube. Schon nach wenigen Wochen haben sich so viele Wurzeln gebildet, daß man die einzelnen Triebe nur noch schwer auseinanderbekommt. Man sollte die Zweige also rechtzeitig aus der Vase nehmen und sie vorsichtig in einen Topf mit Pflanzerde setzen und angießen. So kann man aus einem ausgeblühten Blumenstrauß viele neue Pflanzen ziehen.

Auch die beliebten **Weidenkätzchen** eignen sich bestens zur Bewurzelung in der Vase. Nur darf man mit dem Einpflanzen nicht zu lange warten, denn wenn die glasigen Wurzeln zu lang werden, brechen sie beim anschließenden Einpflanzen leicht ab.

Doch nicht nur aus Samen und Stecklingen lassen sich Pflanzen vermehren. So hat die tropische **Grünlilie** – bei uns beliebt als Zimmerpflanze – eine besondere Strategie entwickelt, für die Erhaltung ihrer Art zu sorgen. An langen dünnen Trieben wachsen fertige kleine Pflänzchen heran, ausgestattet sogar schon mit Wurzeln. Mit zunehmender Größe dieser Kindel – so werden sie genannt – biegt sich der Trieb nach unten, bis er schließlich auf dem Erdboden ankommt. Dort finden die Wurzeln Halt und können aus dem kleinen Pflänzchen eine eigenständig wachsende Grünlilie bilden.

Wenn die kleinen Kindel einige Wurzeln gebildet haben, schneidet man die Pflänzchen einfach mit einer Schere von dem Trieb ab und pflanzt sie in kleine Blumentöpfe mit Anzuchterde. Wenn sie angegossen und auf die Fensterbank gestellt werden, wachsen bald neue Pflanzen.

Im Mai werden die Pflanzen in den Garten oder in einen großen Topf gesetzt

Wenn die Pflanze genügend Sonne abbekommt, entwickeln sich rote Früchte

Literaturhinweise, Adressen

Weitere Bücher vom Autor zu diesem Thema:

Das große Buch der Passionsblumen, Hamburg 1995
Früchte, Gemüse und Gewürze aus dem Süden, München 1990
Ginseng, das Geheimnis des grünen Goldes, Hamburg 1993
Orangen, Zitronen und andere Citruspflanzen, München 1992
Pflanzen für den Wintergarten, München 1992
Schöne Kübelpflanzen, Münster 1990
Veredeln leicht gemacht, München 1990

Adressen

Bonsai-Centrum Heidelberg
Mannheimer Straße 401
69123 Heidelberg

Bonsai-Club, Verein deutscher Miniaturbaumfreunde e. V.
Postfach 10 62 09
69052 Heidelberg

Deutsche Citruspflanzengesellschaft i. Gr.
Herr Peter Klock
Stutsmoor 42
22607 Hamburg

Deutsche Dahlien-, Fuchsien- und Gladiolengesellschaft
Drachenfelsstraße 9
53177 Bonn

Deutsche Fuchsiengesellschaft
Pankratiusstraße 10
35398 Gießen

Deutsche Gesellschaft für Hydrokultur,
Kurt-Schumacher-Straße 36
45699 Herten

Deutsche Kakteengesellschaft e. V.
Weserstraße 9
26969 Burhave

Deutsche Orchideengesellschaft
Arndtstraße 8
27367 Sottrum

Europäische Bambusgesellschaft
Heuberger-Tor-Weg 22
72076 Tübingen

Österreichischer Bonsai-Club
Prechtlerstraße 27
A-4300 Linz

Schweizerische Orchideengesellschaft
Guggistraße 19
CH-6005 Luzern

Register

Im FALKEN Verlag sind zahlreiche Titel zum Thema „Garten" erschienen. Bitte fragen Sie in Ihrer Buchhandlung.

Die Deutsche Bibliothek – CIP-Einheitsaufnahme

Pflanzen vermehren : Garten- und Zimmerpflanzen /
Peter Klock. – Niedernhausen/Ts. : FALKEN, 1996
 ISBN 3-8068-1619-0
 NE: Klock, Peter

ISBN 3 8068 1619 0

Umschlaggestaltung: Gila Korflur, Darmstadt
Redaktion: Lars Iffland
Herstellung: Michaela Krekel
Titelbild: U1: Manfred Ruckszio, Taunusstein; U4: Gitte und Siegfried Stein, Vastorf
Fotos: FALKEN Archiv/hapo: 75 l.;/**Landini:** 5 o., 49 l.;/**Tessmann und Endress:** 93;/
Wilhelm: 55
Bonsai-Centrum Heidelberg, Mannheimer Straße 401, 69123 Heidelberg: 96
Monika Klock, Hamburg: 1, 22, 23 o., 94 r.
Peter Klock, Hamburg: 3, 17, 34 (3x), 35, 41 l. u.
Wolfgang Redeleit, Bienenbüttel: 9, 10 o., 10 u., 11, 12 l., 12 r., 15, 16, 24, 25
Reinhard-Tierfoto, Heiligkreuzsteinach-Eiterbach: 94 l., 97
H.-J. Schwarz, Idstein: 49 r., 51, 75 r.
Gitte und Siegfried Stein, Vastorf: 2, 4, 5 u., 13 l., 13 r., 14, 27, 63, 64, 66, 67, 68, 74 (2x), 76 (2x), 77 (2x), 78 (2x), 83, 84, 89 r.
WOLF-Geräte, Betzdorf/Sieg: 6
Zeichnungen: FALKEN Archiv/Lünser: 18, 23 u., 36 (2x), 37 (4x), 40 r. o., 41 l. o., 44 (3x), 45, 88, 89 l.;/Scholz: 90;/Stegeman: 19, 43 r.
Alle übrigen: Ulrike Hoffmann, Bodenheim

Die Ratschläge in diesem Buch sind von dem Autor und dem Verlag sorgfältig erwogen und geprüft, dennoch kann eine Garantie nicht übernommen werden. Eine Haftung des Autors bzw. des Verlags und seiner Beauftragten für Personen-, Sach- und Vermögensschäden ist ausgeschlossen.

Satz: DM-SERVICE Mahncke & Pollmeier oHG, Rodgau
Druck: Druckerei Parzeller GmbH, Fulda

817 2635 4453 6271